Was machen wir morgen, Mama?

Kinder-
Erlebnisführer
Insel Usedom

von Kirsten Schielke,
Birgit Vitense
und Harald Larisch

HINSTORFF

Inhaltsverzeichnis

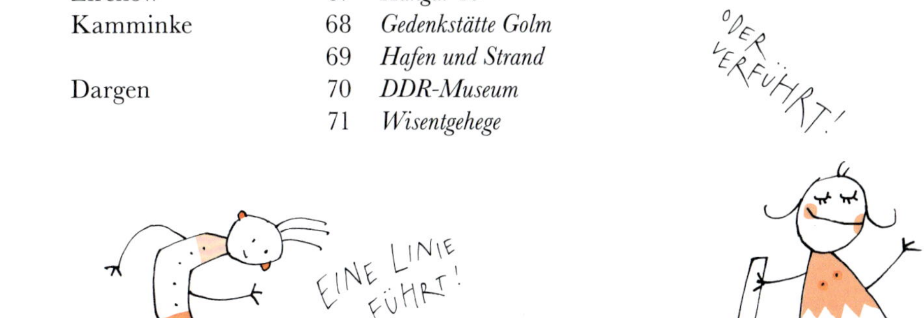

ODER … VERFÜHRT!
EINE LINIE FÜHRT!

Vorwort

„Papa, wann sind wir endlich da?“ oder „Mama, was machen wir denn jetzt?“ – leidgeprüfte Eltern können ein Lied von solchen und ähnlichen Urlaubseinstiegen ihrer Sprösslinge singen.
Derartige Fragen können wir Ihnen nicht ersparen. Aber dieses Buch soll Ihnen viele einfallsreiche Antworten liefern, wenn Sie auf Usedom unterwegs sind. Egal, wie das Wetter so spielt. Egal, zu welcher Jahreszeit. Hauptsache, Ihre Kinder und Sie sind bereit für viele neue Eindrücke und Erlebnisse.
Die schönsten Tage des Jahres wollen gut genutzt sein. Mecklenburg-Vorpommern punktet zwar vor allem wegen seiner intakten Natur und kilometerlanger Sandstrände. Aber auch wenn die Sonne gerade mal nicht zum Strand lockt, können Familien mit Kindern hier jede Menge Unterhaltung finden und Spaß haben. Viele lohnende Freizeitangebote sind entstanden. Man muss sie nur entdecken – und unser Erlebnisführer soll Ihnen dabei behilflich sein.
Alle vorgestellten Museen, Spielmöglichkeiten und Ausflüge haben wir natürlich selbst getestet. Konkrete Angaben zu Eintrittspreisen, Öffnungszeiten und Nebenkosten sollen Ihnen helfen, den Ausflug schon im Vorfeld gut zu planen. Allerdings bleibt es nicht aus, dass sich nach Drucklegung dieses Buches Preise ändern oder gar Einrichtungen ganz schließen können. Das bitten wir zu berücksichtigen.

Wir wünschen Ihnen viel Spaß und eine erlebnisreiche Zeit.

Kirsten Schielke, Birgit Vitense & Harald Larisch

*Wir hoffen, dass Ihnen dieser Erlebnisführer Anregungen und Tipps für aufregende Tage auf der Insel geben kann.
Alle Ausflugsziele wurden von uns sehr sorgsam recherchiert. Trotzdem ist natürlich nicht auszuschließen, dass sich Fehler eingeschlichen oder aktuelle Änderungen ergeben haben.
In diesem Fall bitten wir Sie herzlich, uns nicht gram zu sein, sondern zum Stift oder in die Computertasten zu greifen, um uns darauf aufmerksam zu machen (Hinstorff Verlag GmbH, Postfach 101011, 18001 Rostock; thomas.gallien@hinstorff.de oder tipps-fuer-kids@web.de).
So haben wir die Chance, die nächste Ausgabe mit Ihrer Hilfe noch besser zu gestalten.
Dafür bedanken wir uns schon im Voraus.*

6 Wolgast *Museum „Kaffeemühle“*

Rathausplatz 6
17438 Wolgast
Telefon 03836/203041

www.museum.wolgast.de

Ab 4 Jahre

Öffnungszeiten
April bis Oktober
Di bis Fr 11 bis 18 Uhr
Sa und So 11 bis 16 Uhr
November bis März
Di bis Fr 11 bis 17 Uhr
Sa und So 11 bis 14 Uhr

Eintrittspreise
Erwachsene 3 €
Kinder 1 €
Gruppenpreise 2 €
(ermäßigt 1 €)

Aufenthaltsdauer
½ bis 1 Stunde

Parken kostenpflichtig
5 min entfernt am Hafen

Souvenirshop an der Kasse

Café im Erdgeschoss

Toilette

Wickelmöglichkeit

Für Kinderwagen geeignet, aber nur im Erdgeschoss

Das Museum trägt den lustigen Namen „Kaffeemühle“, da die Dachkonstruktion an eine historische Kaffeemühle, allerdings ohne Kurbel, erinnert. Der frühere Kornspeicher aus dem 17. Jahrhundert beherbergt heute das Heimatmuseum. Im Erdgeschoss gibt es ein historisches Schulzimmer – alles ist zum Anfassen und kleine Besucher dürfen auch malen. Außerdem werden hier wechselnde Ausstellungen gezeigt. Eine Etage höher erfährt man vieles über die Stadtgeschichte und das Alltagsleben der Wolgaster. Der ehemalige Kornboden ist für Kinder besonders interessant. Hier hat man z.B. einen Spielzeugladen und eine Schneiderwerkstatt aus dem 19. Jahrhundert originalgetreu nachgebaut. Und beim Barbier wurden in damaliger Zeit nicht nur die Barthaare gestutzt, sondern auch Zähne gezogen. Man konnte bei ihm gar zur Ader gelassen werden.

In dem Haus mit Blick auf die Kaianlagen des Hafens wurde Philipp Otto Runge 1777 geboren. Er war einer der vielseitigsten Künstler seiner Zeit. So begründete er die romantische Malerei in Deutschland, entwickelte eine bis in die Gegenwart angewandte Farbenlehre, schrieb Märchen und schuf das heute noch bekannte französische Spielkartenblatt für seine Kinder.
Das Haus ist zwar ursprünglich erhalten, Mobiliar oder Originalgemälde aber finden sich hier nicht. Der Werdegang des Künstlers ist in den einzelnen Räumen dokumentiert. Die Rungesche Farbenlehre wird im Obergeschoss durch eine Computerinstallation dargestellt. Hier dürfen die Besucher selbst aktiv werden. Auf Grundlage der drei Primärfarben Rot, Blau und Gelb können sie immer neue Farbvarianten auf den Monitoren erschaffen.

Kronwiekstraße 45
17438 Wolgast
Telefon 03836/203041

www.museum.wolgast.de

Ab 7 Jahre

Öffnungszeiten
April bis Oktober
Di bis Fr 11 bis 18 Uhr
Sa und So 11 bis 16 Uhr
November bis März
Di bis Fr 11 bis 17 Uhr
Sa und So 11 bis 14 Uhr

Eintrittspreise
Erwachsene 3 €
Kinder 1 €
Gruppenpreise 2 €
(ermäßigt 1 €)

Aufenthaltsdauer ½ Stunde

Parken gegenüber
kostenlos mit Parkscheibe

Souvenirshop:
Spielkarten und Märchen
von Runge

Toilette

Für Kinderwagen geeignet,
aber nur im Erdgeschoss

Eisenbahnfähre „Stralsund“

Museumshafen/Schlossinsel
17438 Wolgast
Telefon 03836/203041

www.museum.wolgast.de

Ab 7 Jahre

Öffnungszeiten
Juni bis August
Di bis Fr 11 bis 18 Uhr
Sa und So 11 bis 16 Uhr

Eintrittspreise
Erwachsene 3 €
Kinder 1 €
Gruppenpreise 2 €
(ermäßigt 1 €)

Aufenthaltsdauer ½ Stunde

Parken kostenlos
gegenüber Rungehaus

Souvenirshop:
Bastelbogen,
Modell von der Fähre

Am 20. Oktober 1890 begann das Fährschiff „Stralsund“ seinen Dienst zwischen Stralsund und Altefähr auf der Insel Rügen.
11 Jahre später pendelte es zwischen Swinemünde und der Insel Wollin. Im Winter hielt die „Stralsund“ außerdem die Swine eisfrei, in der Folgezeit auch die Zufahrt zum Hafen Sassnitz auf Rügen. Von 1948 bis 1990 war die Fähre in Wolgast stationiert. Nachdem sie außer Dienst gestellt wurde, kann sie nun im Museumshafen besichtigt werden.
Besonders spannend ist der Maschinenraum mit einer rekonstruierten alten Dampfmaschine. Man darf auch einen Blick in die Kapitänskajüte werfen oder auf der Brücke einmal selbst am Steuerrad drehen.
Beliebtes Souvenir sind die Bastelbögen, mit denen sich jeder sein eigenes Fährschiff zusammenbauen kann.

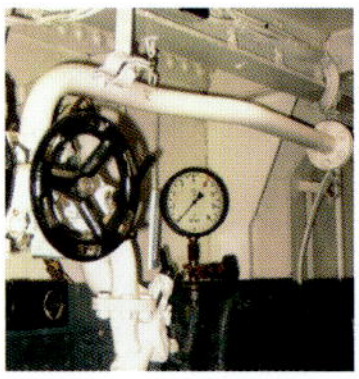

Die Kirche St. Petri in Wolgast wurde ab 1280 als dreischiffige Basilika gebaut. Sie ist mehrfach zerstört und wiederaufgebaut worden. Im Mittelalter setzte man hier die Pommerschen Herzöge bei. Die Besucher können in die Fürstengruft hinuntersteigen und einen Blick auf die aufwendig restaurierten, reich verzierten Särge werfen.
1688 wurde die Gruft durch Grabräuber gewaltsam geöffnet und geplündert. Im Kirchenarchiv befindet sich ein Protokoll mit einer Aufstellung aller gestohlenen Schmuckstücke. Die Täter wurden ermittelt, darunter der Küster der Kirche, aber weder sie noch ihre Beute konnten gefunden werden.
Ein Muss für alle, die keine Höhenangst haben, ist die Turmbesteigung. Von oben bietet sich ein wunderbarer Blick auf die Altstadt und die Insel Usedom.
Alle zwei Wochen findet ein Kindergottesdienst statt.

Am Kirchplatz 7
17438 Wolgast
Telefon 03836/202269
(Gemeindebüro)

www.wolgast.de

Ab 5 Jahre

Öffnungszeiten
Mai bis Oktober 10 bis 17 Uhr
danach im Gemeindebüro melden
Letzter Einlass zur Turmbesteigung: ½ Stunde vor Schließung

Parken kostenlos am Hafen

Souvenirshop

Toilette

Für Kinderwagen geeignet: nur im Kirchenschiff

Tierpark Tannenkamp

Am Tierpark
17438 Wolgast
Telefon 03836/602413

www.tierparkwolgast.de

Alle Altersgruppen

Öffnungszeiten
Mai bis September
täglich 9 bis 18 Uhr
Oktober
täglich 9.30 bis 16.30 Uhr
November bis Februar
täglich 10 bis 15 Uhr
März, April
täglich 10 bis 16 Uhr

Eintrittspreise
Erwachsene 6,50 €
Kinder 2,50 €
Kassenschluss: ½ Stunde vor Schließung

Aufenthaltsdauer 2 Stunden

Parken kostenlos

Souvenirshop

Toilette

Für Kinderwagen geeignet

Imbiss

Rund 10 Hektar ist der Park groß. Er liegt am Stadtrand von Wolgast in einem schönen Mischwald und beheimatet vor allem viele Tiere, die in Mitteleuropa zu Hause sind. Dazu gehören Wölfe, Wildscheine, Otter, Hirsche, viele Enten. Aber auch Emus, Lemuren, Pfaue oder

Stachelschweine sind neben Erdmännchen, Frettchen und Kängurus zu sehen. In der Zooschule lernen die Besucher, dass das Gebiss des Pudels dem des Wolfes am ähnlichsten ist. Sie lernen auch, dass Stachelschweine nicht mit den Stacheln schießen. Diese besondere Kinderführung mit Anmeldung findet immer freitags am Vormittag statt. Lustig anzuschauen ist die Heimstatt der Familie Maus. Sie huscht über Wäscheleine und gedeckten Tisch, um im Herd zu verschwinden.
In dem kleinen Park werden rund 400 Tiere 50 unterschiedlicher Arten gepflegt.

Jedes Jahr im Frühling ist es von Neuem ein Ereignis, wenn der Traditions-Segelschoner mit Kapitän Jan Fransen und seiner Crew in den Hafen von Wolgast einläuft. Seit 2004 gehört die „Weisse Düne“ den Sommer über zum Stadtbild einfach dazu. Alle Segelfans haben dann die Möglichkeit, an den

Fahrten übers Achterwasser teilzunehmen – entweder nach Fahrplan oder für Gruppen individuell gebucht. Selbst Mehrtagestörns sind auf Anfrage möglich. Was man einplanen sollte, ist Zeit und Muße. Dafür ist eine Spur von Nostalgie und Seefahrtromantik auf dem 1909 gebauten Schoner garantiert.

Usedomer Schifffahrts- und Touristikgesellschaft
Hafenstraße 1b
17438 Wolgast
Telefon 0174/9436962
oder 0491/5982

www.weisse-duene.com
www.schifffahrt-usedom.de

Ab 5 Jahre

Fahrzeiten
Mai bis Oktober
4 Stunden 62 € pro Person
11 bis 15 Uhr
Mo, Do ab Neppermin
Fr ab Karlshagen
Sa ab Wolgast

Abendtörn
Mai bis September 3 ½ Stunden
59 € pro Person
Di, Do ab Neppermin
Fr ab Karlshagen
Sa ab Wolgast

Parken kostenlos auf der Hafeninsel

Maritimer Imbiss an Bord

Toilette

Schlossinsel
17438 Wolgast
Telefon 03971/2688800

www.schlossinsel-festspiele.de

Ab 5 Jahre

Vorverkauf vor Ort
Stadtinformation Wolgast
Rathausplatz 10,
17438 Wolgast
Mo, Mi, Do, Sa
14 bis 19.30 Uhr
Telefon 03836/600118

Spielzeiten
Juli/ August
Mo, Mi, Do, Sa 19.30 Uhr

Parken auf ausgeschilderten
Event-Parkplätzen

Die Vorpommersche Landesbühne führt seit dem Sommer 2017 ein neues theatralisches Sommer-Event auf der Schlossinsel auf. Das Schauspielensemble hält dabei an der Tradition fest, dass besonders in den Sommermonaten das Theater zum Publikum kommen sollte.

Andere Saison-Bühnen befinden sich in Heringsdorf, Zinnowitz und Barth. In heiterer und humorvoller Art und Weise werden bekannte und überraschende Schwächen unserer Mitmenschen aufs Korn genommen. Mit dem Stück „In Sachen Adam und Eva" startete die Wolgaster Sommerbühne. Jedes Jahr gibt es eine neue Inszenierung auf der Schlossinsel.

Krummin
Klosterkirche und Marina

Krummin ist ein ehemaliger Klostersitz. Allerdings zeugt nur noch die Kirche davon. 1303 wurde hier ein Zisterziensernonnenkloster als Nebenstelle zu Wollin gegründet. Auf dem von alten Bäumen überdachten Kirchhof ist auf Tafeln die Zeitgeschichte anschaulich aufbereitet.

In der Kirche erfährt man zudem etwas über Nonnen und ihren Umgang mit Küchenkräutern.
Nahebei befindet sich die kleine Marina. Dieses Privatgelände kann auf Nachfrage betreten werden.
Hier bietet sich ein wunderbarer Blick über das südliche Achterwasser mit seinem grünen Schilfgürtel.
Der Kirche gegenüber liegt ein wunderschöner Garten mit lauschigen Plätzchen, einem Imbiss und stillen Leseecken. Eine Tischtennisplatte und ein Mensch-ärger-dich-nicht-Spiel laden die Kinder zum längeren Verweilen ein. Blumen, Gemüsebeete und Obstbäume geben dem Ganzen eine sehr private Atmosphäre.

Gartenimbiss Naschkatze
17440 Krummin
Telefon 03836/602213

www.zur-naschkatze.de

Alle Altersgruppen

Öffnungszeiten
ganzjährig 11 bis 19 Uhr
Hauptsaison 11 bis 22 Uhr

Aufenthaltsdauer 1 bis 2 Stunden

Parken kostenlos

Gartenrestaurant

Toilette

Wickelmöglichkeit

Für Kinderwagen geeignet

14

Mölschow

Alte Gutsanlage

Trassenheider Straße 7
17449 Mölschow
Telefon 038377/39925

www.usedom-aktiv.de

Ab 5 Jahre

Öffnungszeiten
Juni bis September
täglich 10 bis 18 Uhr
Mai und Oktober
Mo bis Sa 10 bis 16 Uhr
November bis April
Di bis Fr 10 bis 16 Uhr

Eintritt
Erwachsene Kurs 8 €
Kinder Kurs 4 €

Aufenthaltsdauer
1 bis 2 Stunden

Parken kostenlos

Toilette

Für Kinderwagen geeignet

Die alte Gutsanlage stammt aus dem Jahr 1900. Hier gibt es eine Kulturscheune, Spielmöglichkeiten in den Außenanlagen und die Remise. In der Kulturscheune befinden sich eine 5 Meter hohe Kletterwand, Tischtennistische, Riesenmikado und Bereiche für Ballspiele. Die Remise wird Modelleisenbahnfans anlocken. Fingerfertigkeit und Reaktionsvermögen kann man außerdem auf der Carrerabahn mit den kleinen Flitzern testen.
In den gläsernen Schauwerkstätten der Kulturscheune werden unterschiedliche Kurse angeboten. Vom Korbflechten und Filzen, über Teppichknüpfen bis zur Holz- und Papiergestaltung können sehr viele Techniken erlernt werden. Ein Kurs dauert circa 1½ Stunden. Das dabei gefertigte Souvenir ist ein schönes Mitbringsel aus dem Usedom-Urlaub.

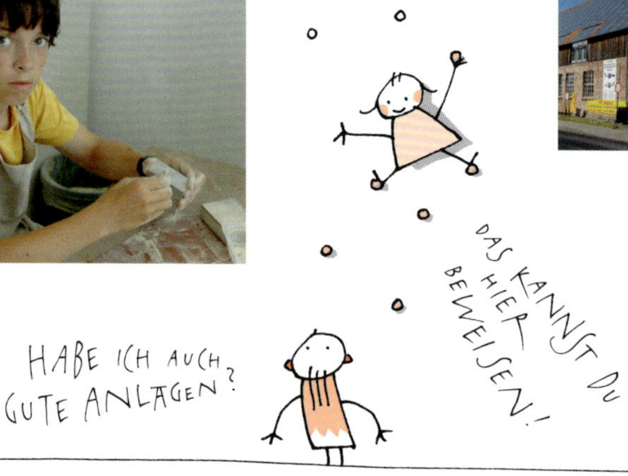

Trassenheide
Abenteuer Minigolf „Piraten der Ostsee"

Der fantasievoll angelegte Garten erwartet seine Gäste mit 18 einmaligen Bahnen. Da gilt es durch das Steinerne Meer zu kommen, den Teufelsberg auszutricksen oder in echtem Sprühnebel zu spielen. Eine nachempfundene Kogge eignet sich auch für dieses gesellige Treiben. Diese wird mit guten Schlägen erst einmal geentert. Danach geht es darum, den kleinen bunten Ball um das Steuerrad herum zu zwingen. Vom Krähennest aus lässt sich das Spiel sehr schön beobachten. Die letzte Bahn führt, wie kann es anders sein, zur Hafenschänke. Dort locken kalte und heiße Getränke, Eis und frische Waffeln. Auf dem kleinen Golfplatz können die Kinder gern allein auf Entdeckungsreise gehen. Er wurde sehr kindgerecht angelegt.

Wiesenweg 1
17449 Trassenheide
Telefon 0170/3192680

www.piraten-der-ostsee.de

Ab 5 Jahre

Öffnungszeiten
Ostersonntag bis
Ende Herbstferien
täglich 9.30 bis 1½ Stunden
vor Sonnenuntergang
(letzter Einlass)

Eintrittspreise
Erwachsene (ab 16 Jahre) 6 €
Kinder (ab 5 Jahre) 4,50 €
Gruppentarife
ab 15 Personen ermäßigt

Aufenthaltsdauer 1 bis 2 Stunden

Parken kostenlos

Imbiss

Für Kinderwagen geeignet

Wildlife Usedom

Tropic Reptica GmbH
Wiesenweg 2
17449 Trassenheide
Telefon 038371/557 61
0152/55727182

www.wildlife-usedom.de

Ab 3 Jahre

Öffnungszeiten
März bis Oktober
täglich 9.30 bis 18 Uhr

Eintrittspreise
Erwachsene 7,90 €
Kinder 5,50 €
Familienticket (2 plus 1) 19,80 €
Gruppentarif ab 15 P 4,90 €/P

Aufenthaltsdauer 3 bis 4 Stunden

Nahe dem Bahnhof von Trassenheide haben sich in einem ehemaligen Gewerbegebiet mehrere Unternehmen angesiedelt, die Spaß, Spiel und Erlcben für die ganze Familie bieten.
Die Sommerausstellung Wildlife punktet mit einer Sammlung lebender und präparierter Tiere aus allen fünf Kontinenten.
Geschickt werden die Dschungel-Besucher durch ein Frage- und Antwortspiel in den Bann der Tierwelt gezogen. Vom Eis samt Eisbären bis hin zur Fuchsfamilie, von Schlangen und Spinnen bis zum Mäusehaus bietet der kunterbunte Mix einen kleinen Einblick ins spannende Leben der Natur.
Den hungrigen Gast erwartet ein kleines Restaurant und den bewegungsfreudigen Kindern steht ein Indoor-Spielplatz mit Kletterwand und Geschicklichkeitsspielen zur Verfügung.

Parken kostenpflichtig

Souvenirshop

Café

Toilette

Wickeltisch

Für Kinderwagen nicht geeignet

In Trassenheide können Kinder unter der Decke schweben und Erwachsene mühelos auf Händen laufen – Fotos beweisen es! Wie das geht?

Man nehme ein Haus und stelle es auf den Kopf: Der Giebel ragt in die Erde, der Fußboden in den Himmel. Im eingerichteten Domizil hängen das Sofa, die Küchenmöbel und auch die Toilette oben.
Die Wände sind außerdem leicht geneigt, so dass ein Rundgang über die zwei Etagen ein besonderes Raumgefühl erzeugt. Mit ein wenig Phantasie entstehen die schönsten Schnappschüsse – Oma und Opa daheim werden staunen.

Wiesenweg 2
17449 Trassenheide
Telefon 038371/26344

www.weltstehtkopf.de

Ab 8 Jahre

Öffnungszeiten
April bis Oktober
täglich 10 bis 18 Uhr
November bis März
täglich 10 bis 16 Uhr

Eintrittspreise
Erwachsene 7 €
Kinder (4 bis 16 Jahre) 5 €
Familienticket (2 Erwachsene und 2 bis 4 Kinder) 19 €

Aufenthaltsdauer ¾ Stunde

Parken kostenpflichtig

Schmetterlingsfarm

Wiesenweg 5
17449 Trassenheide
Telefon 038371/28218

www.schmetterlingsfarm.de

Ab 3 Jahre

Öffnungszeiten
März bis Oktober
täglich von 10 bis 19 Uhr
November bis Februar
täglich 10 bis 17 Uhr
letzter Einlass
1 Stunde vor Schließung

Eintrittspreise
Erwachsene 14 €
Kinder 8 €
damit ist auch der Eintritt für
Naturerlebniswelten Heringsdorf
bezahlt
Familienkarte 28 €
(2 Erwachsene, 3 Kinder)

Aufenthaltsdauer mind. 1 Stunde

Parken kostenpflichtig

Souvenirshop

Toilette

Wickelmöglichkeit

Für Kinderwagen geeignet

In dieser tropischen Halle tummeln sich zahllose Schmetterlinge: Passions-, Bananen-, Schlangenkopffalter ziehen lautlos ihre schaukelnde Flugbahn. Betritt man den Ausstellungsraum, so wähnt man sich in einem üppigen Urwald. Bei einer Luftfeuchtigkeit von mindestens 80 Prozent und Temperaturen zwischen 25 und 30 Grad Celsius beschlagen Brille und Fotooptik sofort. Da hilft der Fön rechts neben der Eingangstür. Auf betonierten Wegen kann man geruhsam zwischen tropischen Bananenbäumen und anderen wuchernden Gewächsen wandeln und seine Augen an die Umgebung gewöhnen. An Futterplätzen lassen sich die farbenprächtigen Gesellen gern nieder. In der Puppenstube schlüpfen die Falter vor den Augen der Besucher aus ihrem Kokon. Etwas für Liebhaber sind die Vogelspinnen. Sie können in über 30 Terrarien beobachtet werden.

Im Kinderland in Trassenheide sind die Jüngsten in ihrem Element. Karussells, Streichelzoo, Trampoline, Gokarts, Eisenbahn und andere Spielangebote lassen ihre Herzen höher schlagen.

Klettern, rutschen, hüpfen, toben, rennen oder springen – und zwar bis zur körperlichen Erschöpfung – können alle kleinen und großen Heißsporne. Wer mit Papa um die Wette Motorrad fährt oder mit den Geschwistern auf dem Riesentrampolin Dauerhüpfen veranstaltet, wird am Ende nicht nur müde, sondern auch hungrig und durstig sein. Auf den Bänken des Imbiss' aber werden die Kinder wahrscheinlich zuletzt landen.

Wiesenweg 1
17449 Trassenheide
Telefon 0160/8035408

www.kinderland-usedom.de

Ab 3 Jahre

Öffnungszeiten
Eine Woche vor Ostern bis Oktober täglich 10 bis 18 Uhr

Eintrittspreise
Erwachsene 5 €
Kinder (3 bis 14 Jahre) 9 €
Familienkarte 18 €
(2 Erwachsene und 1 Kind)
Familienkarte 24 €
(2 Erwachsene und 2 Kinder)
Familienkarte 34 €
(2 Erwachsene und 3 Kind)

Aufenthaltsdauer mind. 1 Stunde

Parken kostenlos hinter der Anlage

Für Kinderwagen geeignet

Imbiss

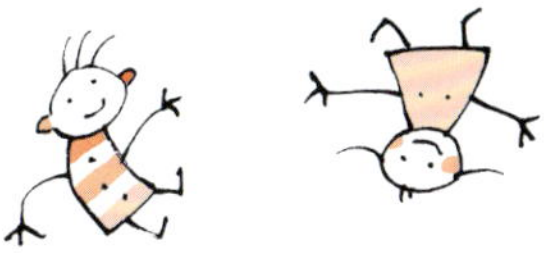

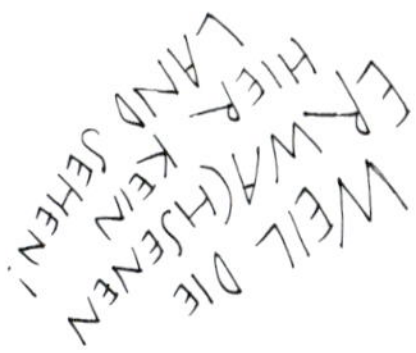

Wachsfiguren-Ausstellung

Wiesenweg 3
17449 Trassenheide
Telefon 038371/26344

www.waxfiguren.de

Ab 5 Jahre

Öffnungszeiten
April bis Oktober
täglich 10 bis 18 Uhr
November bis März
täglich 10 bis 16 Uhr

Eintrittspreise
Erwachsene 7 €
Kinder, Studenten, Azubis
Rentner 6 €
Familienticket (2 Erwachsene, 2 Kinder) 20 €
Gruppenpreise ab 15 P 5 €/P

Aufenthaltsdauer ½ Stunde

Parken kostenpflichtig

Für Kinderwagen geeignet

Wer es liebt, in die Nähe prominenter Zeitzeugen zu kommen, die wahren Persönlichkeiten aber leider nicht erreichbar sind, der ist hier richtig. In der Halle hat ein russischer Künstler Personen der Vergangenheit und der Gegenwart für die Besucher in Position gebracht. Obgleich die Ähnlichkeiten minimal von den eigenen Erinnerungen abweichen, sind Marlene Diedrich, die Hobbits und Gandalf gut getroffen. Obama ist ein wahrlich großer Mann, Putin kommt eher etwas untersetzt daher. Beim Besuch dieser Ausstellung können besondere persönliche Fotos entstehen. Wahre Größe kommt von innen, heißt es ja. Der tatsächliche Mensch, also der Besucher, verfügt einfach über die bessere Ausstrahlung.

Karlshagen *Hafen*

Der Hafen des kleinen Ostseebades befindet sich am Peenestrom. Er umfasst eine moderne Marina für Segel- und Motorboote sowie Liegeplätze für Fischkutter. Auch wenn die Anlage nichts Spektakuläres zu bieten hat, sorgt doch das maritime Flair für Abwechslung. Gastronomisch laden je nach Jahreszeit ein Restaurant und unterschiedliche Imbissstände ein. Segelboote anzuschauen oder den Fischern bei ihrer Arbeit zuzusehen, kann auch für Kinder interessant sein. Im Winter sind an der Nordmole viele bunte Fahrwassertonnen zu bestaunen. Sie werden hier für ihren nächsten Einsatz aufgearbeitet. Besonderer Anziehungspunkt aber ist das jährliche Hafenfest im Sommer, das in einem Wettbewerb der urtümlichsten Wasserfahrzeuge gipfelt.
Mit der MS „Astor" sind von hier auch mehrmals in der Woche Peenestrom-Rundfahrten, Ausflüge zur Insel Ruden oder zur Brückenöffnung nach Wolgast möglich.
Beim Bootverleih am Karlshagener Strand kann man Katamarane, Paddelboote oder Surfbretter mieten, Kosten pro Tag 26 €.
Angeboten werden auch Wasserski oder Wakeboards.

www.karlshagen.de

Alle Altersgruppen

Aufenthaltsdauer 1 bis 2 Stunden

Parken kostenpflichtig im Hafen

Toilette

Für Kinderwagen geeignet

Rundfahrten mit der MS „Astor"
Telefon 038378/28467
0171/6514769

Segelbootverleih
Telefon 0174/3015650

Minigolfanlage und Waldspielplatz „Karlchens Zauberwald"

Trassenheide Promenade
Richtung Campingplatz
Telefon 0170/6744564
(Egon Schwarz)

Minigolfanlage

Ab 5 Jahre

Öffnungszeiten
Mo bis Fr 11 Uhr bis
1 Stunde vor Sonnenuntergang
Sa und So 10 Uhr bis
1 Stunde vor Sonnenuntergang

Eintrittspreise
Erwachsene (16 J.) 3,80 €
Jugendliche (14 bis 17 J.) 3 €
Kinder (bis 13 J. und unter
Aufsicht) 2 €

Aufenthaltsdauer 1 bis 2 Stunden

Parken kostenpflichtig im Ort

Imbiss

Für Kinderwagen geeignet

Die Profianlage wird gern für nationale überregionale Wettkämpfe von Land und Bund genutzt. Darum wirbt der Eigner auch um einen sorgsamen Umgang mit den Bahnen. In den Urlaubsmonaten tummeln sich hier aber nicht nur die großen Profis. Die 18-Loch-Anlage befindet sich unter schattigen Bäumen. Bänke laden zum Beobachten ein. Nur wenige Meter Richtung Campingplatz steht mitten im Kiefernwald ein schöner Spielplatz für Kinder zwischen vier und zwölf Jahren. Sie können schaukeln, klettern, rutschen und balancieren. Auf Sitzgelegenheiten außerhalb des Spieleareals haben Erwachsene die Möglichkeit zu einer Pause, ohne die Kinder aus dem Blick zu verlieren.

Peenemünde *GlowGolf*

An Regentagen lohnt sich der Besuch dieser Anlage. Das Piratendesign auf 600 Quadratmeter Spielspaß macht vor allem Kindern Freude.
Es gibt 18 Bahnen. Das Besondere: Alle können nur mit Schwarzlicht bespielt werden. Jede Bahn hat ihr eigenes Maskottchen – Piraten, Haifische, Medusen oder Seedrachen. Die Filzbahnen, die Bälle, die Ziellöcher und die Schläger leuchten in Neonfarben. Auch die Blockbillets schimmern blau. Im Spiel entsteht eine besondere Atmosphäre wie in einem leuchtenden Kokon. Das fluoreszierende Licht auf den Bahnen erfordert gute Konzentration.

Wiesenweg 4
17449 Trassenheide
Telefon 038371/553710

www.glowgolf.de

Ab 5 Jahre

Öffnungszeiten
März bis Oktober
10 bis 18 Uhr

Weihnachten und Ferien
10 bis 17 Uhr

Eintrittspreise
Erwachsene 6,50 €
Kinder (bis 18 Jahre) 5,50 €
Familien (2 Erwachsene und 3 Kinder)
Erwachsene 6 €
Kinder 5 €

Aufenthaltsdauer ca. 1 Stunde

Parken kostenpflichtig

Historisch-Technisches Museum

Im Kraftwerk
17449 Peenemünde
Telefon 038371/5050

www.museum-peenemuende.de

Ab 12 Jahre

Öffnungszeiten
April bis September
10 bis 18 Uhr
Oktober bis März
10 bis 16 Uhr
November bis März
Mo geschlossen

Eintrittspreise:
Erwachsene 8 € (ermäßigt 5 €)
Familienticket 20 €
Gruppe (ab 10 Personen) 5 €

Führungen nach Voranmeldung
unter Telefon 038371/5050
oder 50511
Dauer 90 Minuten, ab 30 €
Audioguide am Eingang für 2 €

Aufenthaltsdauer ca. 2 Stunden

Parken kostenpflichtig
vor dem Museum

Souvenirshop
an der Kasse in der Bunkerwarte

Für Kinderwagen geeignet

© HTM Peenemünde GmbH

In Peenemünde befand sich von 1936 bis 1945 eines der größten militärischen Forschungszentren in Europa. Bis zu 12.000 Menschen arbeiteten hier an neuartigen Waffensystemen wie der weltweit ersten Großrakete A4/„V2". Der Einsatz von Zwangsarbeitern und KZ-Häftlingen bei der Errichtung Peenemündes und der späteren Massenproduktion der Rakete wie auch der spätere Beschuss belgischer, englischer und französischer Städte forderte tausende Menschenleben.

Das Historisch-Technische Museum Peenemünde (HTM) arbeitet diese Geschichte multimedial auf. Es befindet sich im ehemaligen Kraftwerk Peenemünde, welches als größtes technisches Denkmal Mecklenburg-Vorpommerns Teil der Ausstellung ist. Eine Aussichtsplattform in 30 Meter Höhe auf dem Dach des Gebäudes eröffnet einen einzigartigen Blick. Im Freigelände sind viele Großexponate ausgestellt wie ein Nachbau der A4-Rakete und ein Originalzug der ehemaligen Werkbahn.

© HTM Peenemünde GmbH

Empfehlenswert sind die 90-minütigen thematischen Führungen durch das Museum.
Die Ruinenlandschaft um Peenemünde kann auf einem individuellen Rundgang entdeckt werden. An 23 Stationen erklären Hinweistafeln die Bedeutung des jeweiligen Standortes.

Phänomenta Peenemünde

Museumsstraße 12
17449 Peenemünde
Telefon 038371/26066

www.phaenomenta-peenemuende.de

Ab 4 Jahre

Öffnungszeiten
Osterferien bis Herbstferien
täglich 10 bis 18 Uhr
in den Weihnachtsferien
(24. u. 25.12. geschlossen)
Winterferien
täglich von 10 bis 16 Uhr

Eintrittspreise
Erwachsene 8,50 €
Schüler (bis 18 Jahre) 6,50 €
Kinder (3 bis 6 Jahre) 3,50 €
Familientarif
Erwachsene 7,50 €
Schüler (bis 18 Jahre) 6,50 €
Kinder (3 bis 6 Jahre) 2,50 €
Geburtstagskinder Eintritt frei

Kann ein Sechsjähriger einen Trabbi hochheben oder im Tauziehen seinen starken Papa besiegen? Die Phänomcnta beantwortet nicht nur diese Fragen sehr kinderfreundlich – hier sind Anfassen und Mitmachen ausdrücklich erwünscht. Jeder Besucher kann die rätselhafte und faszinierende Welt der Naturwissenschaft überaus anschaulich erleben. Staunen über bisher Unbekanntes und Verblüffung über Sinnestäuschungen (im Übrigen auch für so manchen Erwachsenen) machen den Aufenthalt in der 2500 Quadratmeter großen Ausstellung kurzweilig und auf unterhaltsame Weise lehrreich.

Mehr als 200 naturwissenschaftliche Phänomene aus der Natur sind dargestellt. Ob Astronautentrainer oder Riesenseifenblasen, Auswirkungen von Schallwellen oder überraschende Spiegelbilder. Viermal täglich braust ein Feuertornado durch die Halle.
Für selbstständige Kinder ist es auch möglich, allein auf Entdeckungstour zu gehen.
Außerdem gehört zur Phänomenta ein schönes Bistro – lohnend wegen seiner außergewöhnlichen Illusionsmalerei.

Aufenthaltsdauer 2 bis 4 Stunden

Parken kostenpflichtig vor dem Museum

Souvenirshop an der Kasse

Bistro „La Piazza“

Toilette

Wickelmöglichkeit

Für Kinderwagen geeignet, Treppe zur 2. Etage

Tipp:
Kindergeburtstage können in einem separaten Partyraum gefeiert werden

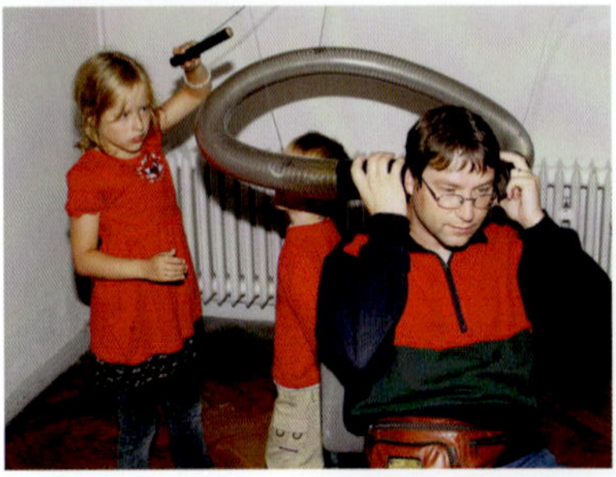

Museumsstraße 14
17449 Peenemünde
Telefon 038371/25656

www.usedom-spielzeugmuseum.de

Ab 6 Jahre

Öffnungszeiten
Pfingsten bis Oktober und Weihnachtsferien
täglich 10 bis 17 Uhr

Eintrittspreise
Erwachsenen 7 €
Kinder (3 bis 12 Jahre) 4 €
Gruppen (10 Personen) 3 €

Aufenthaltsdauer
bis zu einer Stunde

Spielsachen aus mehr als drei Jahrhunderten, zahllose Teddys und Kaufmannsläden, Autos und Puppen haben Herbert König und Erhard Diller in 20 Jahren zusammengetragen.
Die Privatsammlung wurde 2005 als das erste Spielzeugmuseum der Region eröffnet.
Spielsachen werden hier als Zeitzeugen präsentiert – eine liebevolle und umfangreiche Dokumentation der Gegenstände ohne museale Aufbereitung.
Breiten Raum nimmt dabei alles das ein, womit sich die Jüngsten in der DDR beschäftigt haben.

Viele Erwachsene werden die Begleiter ihrer eigenen Kindheit hier wiederentdecken. Auch größere Kinder können ihren Spaß an den Spielsachen aus vergangenen Tagen haben. Kleinere werden den in vielen Vitrinen hinter Glas unerreichbaren Schätzen aber eher nur kurze Aufmerksamkeit widmen. Am spannendsten für

Souvenirshop

Toilette außerhalb des Museums

Für Kinderwagen geeignet

sie dürfte die Modell-Eisenbahn sein – oder das Probesitzen auf alten Schulbänken, mit einer Schiefertafel vor der Nase.
In der oberen Etage wird Militärspielzeug ausgestellt. Vom Zinnsoldaten aus dem Märchen „Der Nußknacker und der Mausekönig" bis hin zu naturgetreu nachgestellten Szenen einer Familie der 30er-Jahre des vergangenen Jahrhunderts wurde einiges zusammengesammelt. Es erinnert daran, dass Ideologie selbst vor den Kinderzimmern nicht haltmacht.

Führung über das alte Flughafengelände

Die Geschichte des Flughafens Peenemünde reicht vom Testgelände für Raketenantriebe in den 30er- und 40er-Jahren des letzten Jahrhunderts bis hin zum Testgelände für den Naturschutz heute. Der tarngrünen Armee-Bus fährt kreuz und quer durch den weiterhin abgesperrten

Inselnorden. Besucht wird der Bereich, der seit 1934 militärisch genutzt wurde. Rund 800 Tonnen Munition liegen hier noch. Alte Betonwege, rostige Reste von Testraketen, Überbleibsel von Abschussrampen und Bombentrichter zwischen Büschen und mittlerweile großen Bäumen machen nachdenklich. Ab und an springt ein Reh über den Weg. Auch Seeadler haben wegen der Abgeschiedenheit diese Sperrzone für sich entdeckt.
Wer diese beeindruckende und bedrückende Kulisse erleben möchte, sollte seine Kinder vorbereiten. Durch Krieg angekurbelte Entwicklungen werfen immer lange Schatten.

Auf dem Flughafen
17449 Peenemünde
Telefon 0171/9907630
(Joachim Saathoff)
033871/55490
(Touristeninformation)

www.peenemuende-west.de

Ab 12 Jahre

3 Touren zur Auswahl
Führungen anmelden
April bis Oktober
11 Uhr, 13 Uhr, 15 Uhr
November bis März
11 Uhr, 13 Uhr
maximal 8 Personen pro Fahrt
danach auf telefonische Nachfrage

Preis pro Teilnehmer 12 €
mit Kurkarte 10 €

Parken kostenlos vor dem
Flughafen

Einen besonderen Spaß werden alle diejenigen haben, die die kleinen Flitzer mit Direktlenkung lieben. Die 900 Meter lange Fahrstrecke befindet sich auf dem Gelände des ehemaligen Militärflughafens, rund drei Kilometer vor Peenemünde Richtung Ostsee. Die Kartbahn ist nicht überdacht.

Nur wenige Zentimeter über dem Boden mit maximal 70 km/h dahinbrausen und dabei scharf in die Kurven gehen, ist etwas für stärkere Nerven. Zehn Gokarts stehen zur Verfügung, gefahren wird mit maximal fünf Wagen auf der Strecke. Wer im ungedrosselten Kart eine Runde drehen will, sollte mindesten 1,45 Meter groß sein. Er reicht sonst nicht an die Pedale.
Für die kleineren Gäste (mindesten 8 Jahre alt) gibt es ein gedrosseltes Auto.

Am Flughafen
17449 Peenemünde
Telefon 0176/10777708
0700/33334747

www.kartbahn-peenemuende.de

Ab 1,30 m Körpergröße

Öffnungszeiten
Mai bis Oktober
täglich 10 bis 18 Uhr
danach bitte telefonisch erfragen

Preise
10 min 16 €
20 min 26 €
30 min 36 €

Aufenthaltsdauer 1½ Stunden

Parken kostenlos

Getränke an der Kasse

Für Kinderwagen geeignet

Ausflüge zur Greifswalder Oie und zu den Robbenbänken

Apollo GmbH Fahrgastreederei
Hafenpromenade 8
17449 Peenemünde
Telefon 038371/20829

www.schifffahrt-apollo.de

Ab 5 Jahre

Parken kostenpflichtig am Hafen

Imbiss

Toilette

Mindestteilnehmer 15 Personen

Alle Tourenpläne können sich witterungsbedingt ändern! Sonderangebote sind im Internet oder telefonisch nachzufragen.

Ausflug zur Greifswalder Oie

Preise
Erwachsene 25 €
Kinder (5 bis 11 J.) 10 €
Vorbestellung notwendig

Fahrplan
Mai, Juni
Di 9.45 bis 16 Uhr
Do 9.45 bis 15 Uhr
Mi, Sa 13.45 bis 19 Uhr

Juli, August
Mo, Di, Do, Fr 9.45 bis 15 Uhr
Mi, Sa, So 13.45 bis 19 Uhr

September, Oktober
Di 10.45 bis 17 Uhr
Mo, Do, Sa
10.45 bis 16 Uhr

Ausflug zur Greifswalder Oie

Die MS „Seeadler" verlässt den Peenestrom in nördlicher Richtung, vorbei am Peenemünder Haken und an der Insel Ruden.
Nach etwa 90 Minuten erreicht sie ihr Ziel.

Die Greifswalder Oie war einst Jagdrevier von Feldmarschall Wrangel und später Militärstützpunkt. Heute ist das Naturschutzgebiet unbewohnt, besonders beliebt aber bei durchreisenden Zugvögeln. Daher befindet sich hier auch eine Station, in der im Frühjahr und Herbst Vögel beringt werden.
Die Besucher haben zwei Stunden Zeit, sich auf der Insel umzusehen. Im Reiseprogramm enthalten ist eine Führung im Informationszentrum des Vereins Jordsard (Eintritt 3/2 €). Nach kurzer Wanderung erreicht man den eindrucksvollen Leuchtturm. Er wurde 1855 gebaut und ist bis heute der lichtstärkste Mecklenburg-Vorpommerns, was er seinem beachtlichen Leuchtfeuer zu verdanken hat. Dieses setzt sich aus einem der größten jemals in Deutschland hergestellten Linsensysteme zusammen. Eine weitere Besonderheit des Leuchtturms: Er schickt seine Strahlen als einziger linksdrehend übers Wasser.

Robbenfahrt

Je nach Wetterlage sind von Peenemünde aus Fahrten zu den Robbenbänken im Greifswalder Bodden oder Rundfahrten über den nördlichen Peenestrom möglich. Der Ausflug zu den Kegelrobben führt von Peenmünde

aus vorbei am Flughafen Peenemünde um die Nordspitze von Usedom in den Greifswalder Bodden. Die Zahl der einst in der Ostsee fast ausgerotteten Meeressäuger ist in den letzten Jahren langsam wieder gestiegen. Mit dem Schiff kommt man den Tieren bis auf etwa 100 Meter nahe, daher ist ein Fernglas eine gute Idee.

Weiterhin im Angebot ist eine Rundfahrt durch den nördlichen Peenestrom. Sie führt an den Häfen Freest, Marina Kröslin, Peenemünde und Karlshagen vorbei zur Brücke nach Wolgast und zurück.

Robbenfahrt

Mai, Juni
Fr 11 bis 14.15 Uhr
Peenestromfahrt
Mi 11 bis 13.30 Uhr

Preise
Robbenfahrt
Erwachsene 20 €
Kinder (5 bis 11 J.) 10 €

Peenestromfahrt
Erwachsene 18 €
Kinder (5 bis 11 J.) 9 €

U-Boot Juliett U 461

Wiesenweg 1
17449 Trassenheide
Telefon 038371/89054
Mobil 0176/10777707

www.u-461.de

Ab 7 Jahre

Öffnungszeiten
Oktober bis April
10 bis 15 Uhr
Mai, Juni und
16. September bis 15. Oktober
10 bis 17 Uhr
Juli bis 15. September
10 bis 19 Uhr
täglich 10 bis 18 Uhr

Eintrittspreise
Erwachsene 7 €
Familienkarte 14 €
(1 Erwachsener und
1 Kind bis 14 J.)
Familienkarte 15 €
(2 Erwachsene und
bis zu 4 eigene Kinder)

Foto 1,50 €

Aufenthaltsdauer 1 Stunde

Parken kostenpflichtig am Hafen

Imbiss

An Bord des 86 Meter langen Stahlriesen sollte sich nur trauen, wer nicht unter Platzangst leidet.
Motorengeräusch, Wasserplätschern und russische Befehle verschaffen einen Eindruck vom Lebensraum U-Boot. Dieser Gigant wurde durch zwei 4000 PS starke Dieselmotoren angetrieben und erreichte eine maximale Geschwindigkeit von 15,9 Knoten unter Wasser.
Er gilt als das größte dieselgetriebene U-Boot der Welt und konnte 300 Meter tief tauchen. An Bord lebten auf engstem Raum 80 Besatzungsmitglieder. Sie schliefen in Schichten, es gab nur 40 Betten. Das Kriegsschiff wurde Anfang der 60er-Jahre gebaut und stand bis 1991 im Dienst der Russischen Rotbannerflotte.
In Peenemünde liegt das U-Boot seit 1998. Ein Privatmann kaufte den 4127 Tonnen schweren Eisenkoloss in Dänemark und ließ ihn von zwei Schleppern in den Nordwesten der Insel Usedom bringen.

Gnitz
Wanderung Südspitze

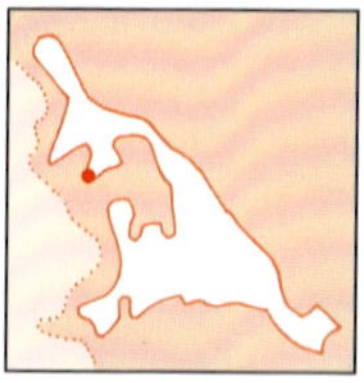

Man folgt in Lütow der Ausschilderung „Möwenort". Am Ende der Straße beginnt das Naturschutzgebiet.
Der Rundweg folgt zunächst der Uferlinie. Immer neue Durchblicke öffnen sich zum Achterwasser.
Umgestürzte Bäume laden zu kleiner Rast oder zum Klettern ein. Obwohl die Landspitze des Gnitz nicht groß ist, gibt sich die Landschaft beeindruckend abwechslungsreich: offene Dünen und blühende Wiesen, Wachholder-Kiefernwald auf dem Weißen Berg und das Salzgrasland an der Südspitze, die Möwenort genannt wird. Wer sich ein wenig Zeit nimmt, kann sogar seltene Tierarten am und auf dem Wasser beobachten.

Ab Wanderalter

Aufenthaltsdauer
1 bis 1½ Stunden

Parkmöglichkeiten kostenlos am Eingang zum Naturschutzgebiet

Für Kinderwagen bedingt geeignet, im Fahrradanhänger möglich

Tipp: Auf der Rückfahrt kann man nach etwa 2 Kilometer in Neuendorf ins Café „Gnitzer Seelchen" einkehren und ein kleines Stück weiter am Hofladen „Villa Kunterbunt" anhalten. Dort gibt es frische Saisonprodukte, Marmelade und Wurst sowie Selbstgestricktes aus eigener Schafwolle. Nach Voranmeldung ist auch Ponyreiten möglich.

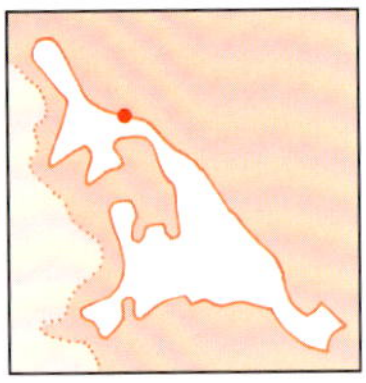

Zinnowitz *Tauchgondel*

An der Spitze der Seebrücke
17454 Zinnowitz
Telefon 038377/37861

www.tauchgondel.de

Ab 5 Jahre

Öffnungszeiten
November bis März
11 bis 16 Uhr
(außer bei Eisgang)
Mo, Di Ruhetag

April, Mai, September, Oktober
10 bis 19 Uhr

Juni bis August
10 bis 21 Uhr

Eintrittspreise
Erwachsene 8 €
Kinder (bis 15 J.) 5 €
Familienkarte 19 €
(2 Erwachsene und 1 Kind)
Familienkarte 21 €
(2 Erwachsene und 2 Kinder)

Aufenthaltsdauer
Ein Tauchgang dauert
30 bis 40 min

Parken gebührenpflichtig im Ort

Toilette

Als die Tauchgondel 2008 am Ende der Seebrücke eingeweiht wurde, war sie eine Weltneuheit. Heute gibt es eine solche Einrichtung auch in Sellin auf Rügen, in Grömitz und Zingst.

Jeweils 24 Besucher können in der türkis-silbrigen Kapsel auf Tauchgang gehen. Etwa 3,50 Meter führt die Fahrt abwärts, begleitet von Erklärungen des „Kapitäns“. Die Sicht in der Ostsee ist natürlich auf wenige Zentimeter begrenzt, so dass vor dem Bullauge höchstens mal ein Fischlein oder eine Qualle auftaucht. Auf dem Meeresboden angekommen, treten die ausgeteilten 3D-Brillen in Aktion. Etwa 15 Minuten lang scheint die Artenvielfalt des Meeres nicht nur über den Bildschirm, sondern durch die Tauchgondel zu schweben. Dann geht es wieder aufwärts.
Ängstliche Naturen wird vielleicht beruhigen, dass sich an Bord eine 4 m lange Leiter befindet, über die man im Notfall trockenen Fußes an die Oberfläche kommt.

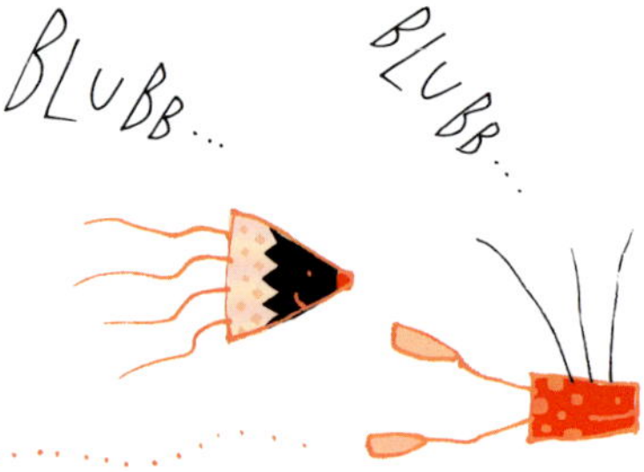

Hier herrscht immer Badebetrieb, denn eine vielfältige Wasserlandschaft in farbenfroher Gestaltung lockt kleine und große Wasserratten. Da wäre ein großes Plansch- und Schwimmbecken mit Schwallduschen. Daneben ein 25-Meter-Becken, in dem man in Ruhe seine Bahnen ziehen kann.
Ein flaches Babybecken mit bunten Schaumstoff-Booten garantiert, dass auch die ganz Kleinen sich prächtig amüsieren.
Das Thermalbad mit dem 450 Quadratmeter großen Solebecken ist tief und für kleine Besucher weniger geeignet. Von hier aus kann man aber ins Außenbecken hinausschwimmen, wo eine 10 Meter hohe Fontäne in die Höhe schießt.
Wer nach dem Baden eine Stärkung verträgt, kann dem Café Bernstein einen Besuch abstatten.

Dünenstraße
17454 Zinnowitz
Telefon 038377/35500

www.bernsteintherme.de

Ab 1 Jahr

Öffnungszeiten
ganzjährig 10 bis 22 Uhr
Frühschwimmen 7 bis 9 Uhr
im Meerwasserbad

Eintrittspreise
nur Meerwasserbad
Tag Kinder (3 bis 11 J.) 5,50 €
Erwachsene 11,80 €

inklusive Thermalbad
und Strandsauna
Tag Kinder 11,80 €
Erwachsene 21,80 €

Frühschwimmen &
Abendtraining 5,50 €

Aufenthaltsdauer
2 Stunden bis ganztags

Parken kostenpflichtig auf
dem Hotelparkplatz

Snackbar & Café Bernstein

Toilette

Wickelmöglichkeit

Das sagenumwobene Vineta soll einst auf Usedom gelegen haben. Durch Stolz und Hochmut seiner Bewohner aber versank die reiche Stadt im Meer. Nur alle hundert Jahre hat ein Sonntagskind die Chance, sie zu erlösen.
Diese alte Sage gibt es in unzähligen Variationen. Unter anderem inspiriert sie, verknüpft mit einer schönen Liebesgeschichte, seit 1997 die Vineta-Festspiele auf der Zinnowitzer Freilichtbühne. Hier ersteht die versunkene Stadt alle Jahre von Neuem – immer mit einem märchenhaften Schauspiel voller Musik, Tanz und jeder Menge Pyroeffekten. Fantasievolle Wesen wie Elfenkrieger und Zeitläufer kämpfen leidenschaftlich für Rettung oder Untergang der sagenhaften Stadt – bis zur allabendlich beeindruckenden Lasershow am Ende.

Seestraße 8
17454 Zinnowitz
Kartenservice
Telefon 03971/2688800

www.vineta-festspiele.de

Ab 5 Jahre

Spielzeiten
Ende Juni bis Anfang September
Mo, Mi, Do, Sa je 19.30 Uhr

Eintrittspreise
je nach Platzgruppe
Erwachsene 19 bis 27 €
Kinder (bis 15 J.) 16 bis 24 €
Familienkarte 46 bis 59 €
(2 Erwachsene und 2 Kinder)

Aufenthaltsdauer 3 Stunden

Parkmöglichkeiten nahe der Ostseebühne oder im Ort

Souvenirshop: „Vineta"-DVDs vergangener Jahre, T-Shirts

Mehrere Imbiss-Stände

Toilette

Nur bedingt für Kinderwagen geeignet (ansteigende Sitzreihen)

Etwas oberhalb der Ostseebühne Zinnowitz fällt ein knallgelbes Gebäude auf. Früher stand hier die Lagerhalle für Strandkörbe. Wegen der auffälligen Außenhaut wird das Gelbe Theater auch „Blechbüchse“ genannt. Es ist mit mehr als 300 Sitzen ausgestattet.

Theater, Musik und Literatur wechseln einander ab. Neben Gastspielen wird hier das gesamte Repertoire der Vorpommerschen Landesbühne Anklam aufgeführt, darunter auch viele Stücke für Kinder und Jugendliche als Schauspiel oder Puppentheater.

Seestraße 8
17454 Zinnowitz
Telefon 03971/2688800

www.blechbuechse.de

Ab 3 Jahre

Ganzjährige Spielzeit

Eintrittspreise
je nach Platzgruppe
und Vorstellung
Erwachsene ab 14 €
Kinder ab 6,50 €
Kombitiket für UBB möglich

Parken vor der Ostseebühne
oder im Ort

Snacks, kalte Getränke und
Kaffee während der Pause

Toilette

Für Kinderwagen geeignet

Minigolf-Anlage

Dünenstraße 2a
17454 Zinnowitz
Telefon 0172/9933760

Ab 7 Jahre

Öffnungszeiten
Ostern bis Ende Oktober
täglich 10 bis 21 Uhr

Preise pro Stunde
Kinder (bis 14 J.) 1,50 €
Erwachsene 3 €
10er-Karte 12 €

Aufenthaltsdauer
mindestens 1 Stunde

Parken kostenpflichtig
am Hotel Baltic

Imbiss

Toilette

Für Kinderwagen geeignet

Gleich neben dem Hotel „Baltic“ liegt unter alten Bäumen die 18-Loch-Minigolf-Anlage. Besonders viel Spaß macht es, wenn die ganze Familie am Wettbewerb teilnimmt.
Gespielt wird auf Schwedenfilz. Bänke und schattige Bäume laden zum Verweilen ein.

Eine Spielrunde dauert zwischen 1 und 1¾ Stunden. Für eine kleine Verpflegung sorgt der Chef persönlich. Er bedient an „Loch 19“. Von Minipizza bis Cappuccino ist vielerlei vorhanden.

Direkt an der Promenade gelegen, lässt sich im Kinderspielgarten perfekt ein Strandtag beginnen oder abschließen. Auf die ganz Kleinen warten ein Karussell, eine Rutsche oder Schaukeln. Die etwas Größeren können auf kleinen Autos ihre Runden drehen. Ein Chip reicht dabei etwa für 3 Minuten Fahrvergnügen auf der rund 120 Meter langen Betonpiste. Außerdem gibt es diverse Klettermöglichkeiten, eine Wippe und eine größere Schaukel.

Nach oben wird die Altersgrenze nicht in Jahren, sondern durch das Körpergewicht begrenzt. Maximal 40 Kilogramm tragen die Elektrofahrzeuge. Ein paar Streichelhäschen vervollständigen das Spielangebot im Zentrum von Zinnowitz.

Die Eltern können derweil unbesorgt unter alten Kiefern eine Erfrischung genießen und die Kinder ruhig mal allein herumwerkeln lassen.

Strandpromenade 1
17454 Zinnowitz
Telefon 038377/350

www.hotel-vineta.de

Ab 2 Jahre

Öffnungszeiten
Juni bis September
9 Uhr bis das letzte Kind schlafen muss

Vor- und Nachsaison
10 bis 19 Uhr

Eintritt frei
Preise Elektroauto 1,50 € / Ship
Karussell 1,50 € / Ship
Bagger 1,50 € /Ship

Aufenthaltsdauer ca. 1 Stunde

Parken kostenpflichtig an der Straße

Imbiss

Toilette

Für Kinderwagen geeignet

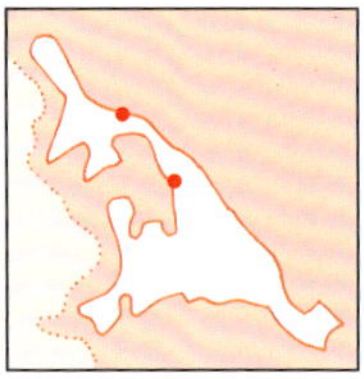

Zinnowitz/Stagnieß

Achterwassertouren

Ückeritzer Personenschifffahrt
Hartmut Wolf
Waldstraße 26
17459 Ückeritz
Telefon 0171/6514769

www.ms-astor.de

Alle Altersgruppen
(für die 2-Stunden-Fahrten)

Saisonale Abfahrtszeiten bitte telefonisch einholen

Fahrzeiten
April bis Oktober
je nach Saison täglich bis zu 3 Abfahrten

Preise
2-Stunden-Fahrt
Erwachsene 15 €
Kinder (4 bis 13 J.) 8 €
Familienkarte (2+2) 38 €

Rankwitz (5 Stunden) mit Landgang
Erwachsene 18 €
Kinder (4 bis 13 J.) 9 €

Mondscheinfahrt
Erwachsene 18 €
Kinder (4 bis 13 J.) 9 €
Familienkarte (2+2) 45 €

Zinnowitz

Vom Hafen in Zinnowitz aus startet die MS „Johannes" zu Fahrten übers Achterwasser, vorbei an der Halbinsel Görmitz bis zum Lieper Winkel. In der Hauptsaison sind die Abfahrtzeiten um 10.30, 13 und 15.30 Uhr (außer Do).
Jeden Donnerstag geht die Fahrt (10 bis 15 Uhr) nach Lassan zum Festland, wo sich ein Landgang mit Kirchenbesichtigung (beeindruckender Blick vom Kirchturm) lohnt.
Andere Ausflüge ins Achterwasser sind auf Nachfrage möglich.

Stagnieß

Der Hafen von Stagnieß liegt zwischen Ückeritz und Bansin am Achterwasser. Die Abfahrtsstelle befindet sich nahe dem Bahnübergang im Ausgang einer Kurve. Es ist ein idyllisches Fleckchen, das zum Schauen, Wandern und Schifffahren einlädt. Der Hafen ist naturbelassen.

Die Mole bilden drei auf Grund gesetzte Schuten. Und nur, weil im Sommer dort ein Ausflugsdampfer unterwegs ist, versandet die schmale Hafeneinfahrt nicht. Segel- und Motorboote, ein kleiner Zeltplatz, Surfer und sicherlich ein paar Angler sind immer zu beobachten. In der Hauptsaison mehrmals täglich (meist um 10, 12.30 und 15 Uhr, außer Di und Mi) legt die MS „Jessica“ zum kleinen Törn ab.
Die Fahrt führt am Loddiner Höft entlang bis zur Vogelschutzinsel Görmitz. Mit etwas Glück können Seeadler, mit ziemlicher Sicherheit Reiher und unterschiedliche Enten beobachtet werden. Ein Imbiss stillt den Durst und den kleinen oder größeren Hunger. Jeden Mittwoch fährt die „Jessica“ nach Rankwitz (10.30 Uhr), wo 2 Stunden Landgang eingeplant sind. In der dortigen Gaststätte warten frisch gefangener oder geräucherter Fisch, danach bietet sich ein geruhsamer Spaziergang durch die stille Natur des Lieper Winkels an. Mittwochs kann man auf Mondscheinfahrt mit Livemusik gehen (19 bis 22 Uhr).

Parken kostenlos
am Hafen Zinnowitz
kostenpflichtig in Stagnieß

Imbiss an Bord

Toilette

Alle Tourenpläne können sich witterungsbedingt ändern! Sonderangebote sind im Internet oder telefonisch nachzufragen

Lüttenort

Atelier Otto Niemeyer-Holstein

Lüttenort
17459 Koserow
Telefon 038375/20213

www.atelier-otto-niemeyer-holstein.de

Ab Schulalter

Öffnungszeiten
Mitte Oktober bis Mitte April
Mi, Do, Sa und So
10 bis 16 Uhr
Mitte April bis Mitte Oktober
täglich 10 bis 18 Uhr

Führungen
„Wohnhaus & Atelier"
Gartenführung

Eintrittspreise
Neue Galerie und Garten
Erwachsene 4 €
Schüler 2 €
Garten 1,50 €
Familienführung
Erwachsene 5 €
Schüler 2 €

Aufenthaltsdauer ab 1 Stunde

Parken kostenlos,
Zufahrt über Zempin

Museumsshop

Toilette

Für Kinderwagen geeignet

Ein umgebauter S-Bahn-Waggon diente ihm als Wohnhaus, sein Atelier trug den Namen „Tabu" und er legte einen zauberhaften Garten mit Kunstwerken befreundeter Künstler an. Sein Refugium atmet noch immer jene Atmosphäre, als wäre Otto Niemeyer-Holstein (1896 – 1984) nur mal kurz zum Malen hinterm Deich und käme gleich zurück. Das Anwesen liegt an der schmalsten Stelle der Insel. Im Garten mit seinen verspielten Ecken und Winkeln dürfen sich die Besucher frei bewegen. Wohnhaus und Atelier sind nur mit einer Führung zugänglich. Im modernen Museumsanbau sind wechselnde Ausstellungen, Lesungen und Konzerte zu erleben.

Mittwochs 10 Uhr gibt es Familienführungen unter dem Titel „Welche Farbe hat das Meer" – Kunsterlebnis kinderleicht. Bei Sommermalkursen für Groß und Klein kann sich jeder selbst ausprobieren, ob mit Vorkenntnissen oder ohne.

Koserow
Minigolf-Anlage Koserow

Nach eigenen Angaben ist es die größte Minigolf-Anlage an der deutschen Ostseeküste. Die Besucher können zweimal 18 Loch bespielen. Die Bahnen sind eingebettet in eine hügelige Landschaft unter altem Baumbestand mit kleinem Teich.

Sollte das Wetter mal nicht mitspielen, dürfen sich die Gäste die Spielerliste abstempeln lassen und ein andermal wiederkommen. Dann können sie am gleichen Loch weiterspielen, wo sie aufgehört haben. Im Juli und August gibt es dienstags und donnerstags die Möglichkeit zum Nachtgolfen bis 22 Uhr, denn alle Bahnen können beleuchtet werden.

Kreuzstraße 8
17459 Koserow
Telefon 0151/54193118

www.minigolf-koserow.de

Ab 5 Jahre

Öffnungszeiten
März 11 bis 17 Uhr
April bis Juni, Sept/Okt
11 bis 18 Uhr
Juli/August 10 bis 19 Uhr

Eintrittspreise
Erwachsene 5/9 €
(18-Loch/36-Loch)
Kinder ab 1 Meter 4/7 €

Aufenthaltsdauer
1 oder 2 Stunden

Parken kostenlos

kleiner Imbiss
und Erfrischungsgetränke

Toilette

Für Kinderwagen geeignet

Ab Wanderalter oder im Tragegurt

Aufenthaltsdauer mindestens 1 Stunde

Parken kostenpflichtig in der Förster-Schrödter-Straße

Die Wanderung zum Streckelsberg beginnt am besten in Koserow am Parkplatz in der Förster-Schrödter-Straße, die von der Hauptstraße abbiegt. Am Ende dieses Weges führt eine hölzerne Treppe zum Strand hinunter. Unten wendet man sich nach rechts in Richtung Osten, vorbei an langen Buhnenreihen und unzähligen Möwen.
Der Streckelsberg ist mit etwa 56 Metern die zweithöchste Erhebung der Insel.

Je nach Ausdauer kann man am nächsten oder übernächsten Strandaufgang den Steilhang wieder hinaufklettern und auf dem Hochuferweg zurückgehen. Wunderschöne Blicke hinunter zum Strand werden ergänzt durch Tafeln, die einiges über Natur und Historie verraten.
Zum Beispiel die Geschichte der Bernsteinhexe: Maria, die Tochter eines Pfarrers, fand während des Dreißigjährigen Krieges eine Bernsteinader am Streckelsberg. Sie verkaufte die Steine, um die schlimmste Not in ihrem Dorf zu lindern. Leider rief das aber auch Neider auf den Plan – und beinahe wäre sie als Hexe auf dem Scheiterhaufen gelandet.
Der Hochuferweg endet wieder am Ausgangspunkt. Die ganze Runde kann man natürlich genauso gut in umgekehrter Richtung gehen. Man sollte sich von der Tageszeit leiten lassen. Angenehmer wandert es sich am Strand sicher mit der Sonne im Rücken.

Zum Erlebnis-Dorf 1
17459 Koserow
Telefon 038375/245775

www.karls.de

Alle Altersgruppen

Öffnungszeiten
ganzjährig 8 bis 19 Uhr,

Eintritt frei, aber z.T.
kostenpflichtige Attraktionen

Aufenthaltsdauer
mindestens 2 Stunden

Parken kostenlos

Bauernmarkt

Restaurant und Imbiss-Stände

Toiletten

Wickelmöglichkeiten

Für Kinderwagen geeignet

Auch bei diesem Erlebnis-Dorf ist es das Prinzip, Attraktionen für alle Altersgruppen zu bieten – Stroh-Hopsen und Bällchenbad für die ganz Kleinen, Kreativ-Werkstatt und Balanciergraben für die Größeren sowie das Shopping-Erlebnis für die ganze Familie. Mit den Kindern als „Alibi“ kann sich Papa in die Traktorbahn schwingen und auch Mama wußte vielleicht noch nicht, wie Bonbons hergestellt werden. Auch beim Marmelade-Kochen oder

Kaffee-Rösten können die Besucher zusehen. Um einem Massenansturm begegnen zu können, ist beim Essen und Trinken vieles auf Selbstbedienung ausgerichtet. Wer sich auf dem großen Gelände schnell zurechtfinden will, sollte sich den Übersichtsplan besorgen und kann so besser zwischen Irrgarten, Pony-Reiten und Kartoffelsack-Rutsche navigieren.

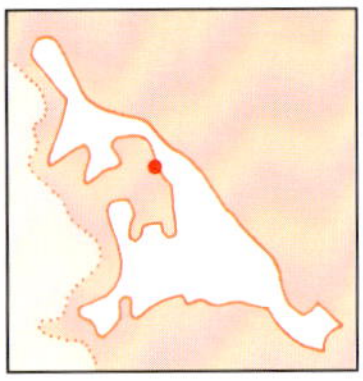

Loddin
Kikis Bootsverleih und Hafen

Loddin
Dorfstraße 23
Telefon 0160/96295138

www.kikis-bootsverleih.de

Ab 5 Jahre

Öffnungszeiten
Anfang April bis Ende September
täglich 10 Uhr
bis Sonnenuntergang

Preise
Ruderboot 10 € pro Stunde
4 PS-Motorboot 25 € pro Stunde
5 PS-Motorboot 30 € pro Stunde

Aufenthaltsdauer bis 4 Stunden

Parken kosten

Toilette

Imbiss

Für Kinderwagen geeignet

In der Mitte von Loddin biegt man am Kreisverkehr in die 2. Ausfahrt ab (nicht zum Hafen). Nach ungefähr 300 Metern Dorfstraße weist ein Schild auf einen Wiesenweg nach rechts. Man parkt unter Bäumen am Schilfrand. Kikis Bootsverleih bietet Ruder- und Tretboote, Kajaks und Kanadier sowie Motorboote (führerscheinfrei, da unter 5 PS).
Bei Windstärken unter 3 können Schilfgürtel und die lauschigen Buchten des Achterwassers erkundet werden. Im Sommer sind Sonnen- und vor allem Mückenschutz unerlässlich, da sich gerade im Schilf die kleinen Quälgeister besonders wohlfühlen.
Wer gut trainiert ist, kann innerhalb einer Stunde einen Radius von etwa 2 Kilometern Küstenlinie erforschen. Anschließend wartet auf schattigen rustikalen Bänken wahlweise ein herzhafter oder ein süßer Imbiss.
Im Hafen von Loddin liegt neben den üblichen Segelbooten ein schwimmendes Klein-Restaurant.
Ausflüge mit dem Schiff können bei seinem Erbauer Peter Noack im Restaurant „Waterblick“ unter 038375/20294 gebucht werden.

Ückeritz
Armee der Tonkrieger

Um die Terrakotta-Armee der Tonkrieger von Xian zu sehen, muss man nicht stundenlang im Flugzeug Richtung Asien düsen.
Schon eine Radtour nach Ückeritz kann zu einer Ausstellung von 160 lebensgroßen Tonfiguren führen, die garantiert „Made in China" sind. Sie wurden den Originalen täuschend echt nachempfunden und stehen wie in ihrer Heimat auch auf Usedom in Reih und Glied.
Die originale Grabanlage wurde erst 1974 von drei Bauern entdeckt, die beim Brunnenausschachten erste wertvolle Tonscherben zutage förderten. Ein Drittel der Armee des Kaisers Shi Huang Di wurde bis heute ausgegraben. In Ückeritz zaubern die Tonkrieger etwas Fernweh auf die norddeutsche Insel.

Am Achterwasser 4
17459 Ückeritz
Telefon 04371/869114

Ab 7 Jahre

Öffnungszeiten
7. bis 31. Januar geschlossen
Februar bis 8. April
Fr und Sa 10 bis 16 Uhr
9. April bis 30. Juni
täglich 10 bis 17 Uhr
1. Juli bis 3. Oktober
täglich 10 bis 18 Uhr
5. u. 6. Oktober geschlossen
7. bis 31. Oktober
Mi bis So 10 bis 16 Uhr
November
Fr, Sa 10 bis 16 Uhr
1. bis 25. Dezember geschlossen
27. Dezember bis 6. Januar
10 bis 16 Uhr

Eintrittspreise
Person 9,50 €
Ermäßigt 8,50 €
Familienkarte ab 22 €

Aufenthaltsdauer 1 bis 2 Stunden

Parken kostenlos vor dem Zelt

Für Kinderwagen geeignet

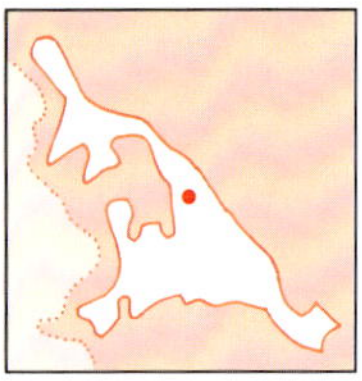

Neu Pudagla

Waldkabinett und Gesteinsgarten

Forstamt Neu Pudagla
17459 Ückeritz
Telefon 038375/2911-0

www.
forstamt-neupudagla.m-vp.de

Ab 5 Jahre

Öffnungszeiten
täglich 7.30 bis 18 Uhr

Eintritt frei

Aufenthaltsdauer ½ bis 1 Stunde

Parken kostenlos
auf dem Waldparkplatz

Souvenirshop im Forsthof

„Wildimbiss" (Wildbockwurst
und -knacker) im Hof

Toilette

Für Kinderwagen
geeignet, aber nur Erdgeschoss
(kein Aufzug)

Wer von der B111 (von Wolgast kommend hinter Ückeritz) noch vor den Schienen abbiegt, landet nach kurzer Fahrt durch den hochgewachsenen Wald am Forstamt Neu Pudagla.

Ein Rundweg voller Gneis- und Granitbrocken lädt ein zu einem Gang durch steinalte Geschichte. Die Millionen Jahre zählenden Findlinge wurden während der Eiszeit aus Skandinavien hierher transportiert.
Dann schmolzen die Gletscher und die „Gäste" blieben.
Dabei sieht keiner wie der andere aus: Man findet bunte und gefaltete, gestreifte und solche mit tiefen Rillen.
Am Insekten-Hotel vorbei, wo unter anderem Ameisenlöwen hausen, kommt man zur Scheune des Forsthauses. Da ist das Waldkabinett untergebracht.
Einheimische Bäume und Pilze werden hier vorgestellt.
Man erfährt, wie viele Lebewesen in einer Handvoll Waldboden wohnen und welche tierischen Räuber in unseren Wäldern umherstrolchen.
Neu ist ein Bodenlehrpfad, der ein Stück durch den Wald führt und Bodenprofile erklärt.

Wer mal wie Tarzan und Jane von Baum zu Baum schwingen oder über schwankende Brücken balancieren will, ist hier genau richtig. Über 100 verschiedene Kletterelemente mitten im Wald in unterschiedlichen Schwierigkeitsstufen wollen bewältigt werden. Für die Kleinsten befinden sich die wackeligen Hindernisse nur 1 bis 2 Meter über dem Waldboden. Die anspruchsvollsten Parcours aber sorgen in bis zu 10 Metern Höhe für ordentlichen Adrenalinstoß.

Am Forstamt Neu Pudagla
17459 Ückeritz
Telefon 0160/90361641

www.kletterwald-usedom.de

Ab 6 Jahre / ab 1 m Größe

Öffnungszeiten
April, Oktober
Di bis So 10 bis 17 Uhr
Mai, Juni, September
Di bis So 10 bis 18 Uhr

Für die Sicherheit sorgt speziell geschultes Personal. Sie weisen die Kletterwilligen ein und überwachen den Sitz der Klettergurte und Seile, bevor sich die Mutigen auf die Bäume schwingen.

Juli, August
täglich 10 bis 19 Uhr

Eintrittspreise
Erwachsene 18 €
Jugendliche (ab 12 J.) 15 €
Kinder (8 bis 11 J.) 12 €
Kinder (6 bis 7 J.) 10 €
Familie (Eltern mit eigenen Kindern) pro Person 2 € ermäßigt

Aufenthaltsdauer 2 Stunden

Parken kostenlos am Kletterwald

Wildimbiss
im benachbarten Forstamt

Toilette

Für Kinderwagen geeignet, Waldwege

Bansin
Tropenzoo Bansin

Goethestraße 10
17449 Bansin
Telefon 038378/472080

www.tropenzoo-bansin.eu

Ab 3 Jahre

Öffnungszeiten
April bis September
täglich 10 bis 18 Uhr
Oktober bis März
täglich 10 bis 16 Uhr

Eintrittspreise
Erwachsene 7 €
Kinder (3 bis 16 Jahre) 4 €
Gruppenführung
nach Anmeldung plus 20 €

Aufenthaltsdauer
ca. 1½ Stunden

Für Kinderwagen geeignet

Der liebevoll eingerichtete Zoo ermöglicht eine kurze Reise in die Tropen. Das geht nur über thematisch geordnete Terrarien. Sie beherbergen typische Tiere und Pflanzen. In südamerikanischen Bromelien kraxeln bunte Frösche herum. Die Pfeilgiftfrösche kann man gut beim Jagen beobachten. Die hier lebenden Blaugefleckten Baumwarane wurden erst 2001 entdeckt. Ein Madagaskar Baumleguan teilt sein Quartier mit der Spaltenschildkröte. Eine Python hat einen Baumleguan als Terrariumgesellen akzeptiert.
Im Außengelände unterhält unter anderem Jacko, ein Edelpapagei, die Besucher. Er lässt sich durch das Gitter kraulen und redet. Stolz ist man auf das vom Aussterben bedrohte Goldkopflöwenaffen-Pärchen, das einzige in Mecklenburg-Vorpommern. Es versorgt andere Zoos regelmäßig mit Nachwuchs.

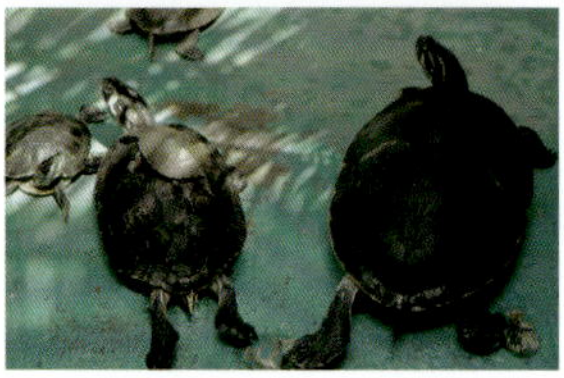

Heringsdorf
Naturerlebniswelt Insel Usedom

Direkt an der B 111 in Heringsdorf (kurz vor der Kurve aus Richtung Wolgast kommend) liegt das gelbe Haus der Naturerlebniswelt. Glitzernde Steine und Krabbelkäfer beeindrucken nicht nur Kinder. Eine fünf Tonnen schwere Amethystendruse, also eine kristallgefüllte Hohlkugel, sendet irritierende Lichtreflexe aus. Sie wurde aus Brasilien hergeschafft. Für eine 40 Quadratmeter große Amethysthöhle setzten zwei Männer vier Monate lang die spitzen Glitzersteine zusammen. Faszinierend sind

aber auch die Aquarien mit den goldfarbenen Piranhas und den bunten Fischen. Für Staunen sorgen echte versteinerte Dinosauriereier und die Nachbildung des Skelettes von Lucy – dem ältesten Menschen der Welt. Zahllose Fossilien, Muscheln und Schnecken geben einen Einblick in mehrere Millionen Jahre Erdgeschichte.

Neuhofer Straße 75
17459 Heringsdorf
Telefon 038378 / 498674

www.naturerlebniswelt.de

Ab 4 Jahre

Öffnungszeiten
täglich 10 bis 19 Uhr
letzter Einlass 18 Uhr

Eintrittspreise
Erwachsene 14 €
Kinder 8 €
Familienkarte 28 €
(2 Erwachsene und 3 Kinder bis 14 Jahre)
Damit ist auch der Eintritt für Schmetterlingsfarm Trassenheide bezahlt

Aufenthaltsdauer 2 Stunden

Parken kostenlos am Haus

Souvenirshop

Toilette

Wickelmöglichkeit auf Nachfrage

Für Kinderwagen geeignet

Strandpromenade
17424 Heringsdorf
Telefon 03971/2688800

www.chapeau-rouge.de
www.theaterzelt.com

Ab 3 Jahre

Spielzeiten
Anfang Juni
bis Anfang September

Eintrittspreise
Kinderstücke
Erwachsene ab 10 €
Kinder ab 9 €
Abendveranstaltung
Erwachsene ab 21 €
Kinder ab 18 €

Parken kostenpflichtig
im Parkhaus an der B 111

Kleines Gaststättenzelt
mit 40 Plätzen

Toilette

Wickelmöglichkeit auf Anfrage

Für Kinderwagen geeignet

Die Theaterferien der Vorpommerschen Landesbühne wurden kurzerhand in den Herbst verlegt, denn im Sommer wird dort gespielt, wo die meisten Urlauber anzutreffen sind – direkt an der Heringsdorfer Strandpromenade. Seit 1993 wird hier pünktlich im Juni hinter den Dünen das rote Zelt aufgebaut und jeweils 200 Besucher können Aufführungen aus dem Repertoire der Landesbühne erleben. Die Vormittagsstücke sind ausschließlich für Kinder gedacht. Eltern dürfen natürlich mitgebracht werden.

Puppenspiele sind im kleinen Vorderzelt zu erleben. Gemeinsam für alle ist die besondere Atmosphäre mit Möwenschreien und Meeresrauschen.

Die Heringsdorfer Promenade bietet in den Wintermonaten Eislaufvergnügen selbst bei Temperaturen im Plus-Bereich. Auch die Jüngsten können sich mit „Robi“, der Eislaufhilfe, sicher auf die Eisfläche wagen.
Besonders beliebt ist die Möglichkeit zum Eisstockschießen. Gruppen ab 4 Personen können sich dafür anmelden und einen abgetrennten Teil der Eisbahn nutzen. Die Regeln sind schnell erklärt und der vergnügliche Wettkampf kann beginnen.

An der Promenade neben der Seebrücke
17459 Heringsdorf
Telefon 0152/54971925

www.eisarena-insel-usedom.de

Ab 3 Jahre

Öffnungszeiten
Mitte Nov bis Mitte März
Di, Do, So 14 bis 19 Uhr
Mi 14 bis 17 Uhr
Fr/Sa 14 bis 21 Uhr
(Sonderöffnungszeiten um die Weihnachtsfeiertage)

Eintrittspreise
Erwachsene 4 €
(10er-Karte 35 €)
Kinder (ab 1 m bis 15 J.) 2 €
(10er-Karte 15 €)
Familienkarte (2+2) 8 €

Aufenthaltsdauer ab 1 h

Parken kostenpflichtig

Eisbahn-Bistro mit Bratwurst, Brezeln sowie heißen und kalten Getränken

Leihschlittschuhe 3 / 2 €
und Eislaufhilfe 3 €

Toiletten

Für Kinderwagen geeignet

OstseeTherme Usedom

Lindenstraße 60
17419 Seebad Heringsdorf
Telefon 038378/2730

www.ostseetherme-usedom.de

Ab 1 Jahr

Öffnungszeiten
Mai bis Oktober
Mo bis Sa 10 bis 22 Uhr
So 10 bis 20 Uhr
November bis April
(außer Weihnachten, Jahreswechsel & Januar)
Mo bis Sa 10 bis 21 Uhr
So 10 bis 20 Uhr

Eintrittspreise Badewelt
Erwachsene 3 Stunden 18 €
Kinder (1 m bis 17 J.) 14 €
Kleinkind bis 1 m 1 €
Tageskarte
Erwachsene 20 €
Kinder 16 €
Familienkarte 55 €
ermäßigte Tarife mit Kurkarte, OstseeThermeCard und zur Happy Hour (letzten 2 h)

Das Besondere der Therme in Ahlbeck: Das Badewasser ist mit jodhaltiger Sole angereichert, die aus mehr als 180 Meter Tiefe vor der Heringsdorfer Seebrücke heraufgepumpt wird – erwiesenermaßen eine Wohltat für Haut und Atemwege. Sechs Badebecken unterschiedlicher Größe warten auf die Besucher. Die Badelandschaft lockt mit Wasserfällen und Luftsprudeln, Grottenrutschen und Massagedüsen unter und über Wasser. Selbst im Winter kann man im beheizten Außenbecken herumtollen.
Die Therme ist in verschiedene Bereiche eingeteilt. So kommen auch Besucher auf ihre Kosten, die in

Ruhe ein Dampfbad oder die finnische Sauna genießen möchten oder dem Trubel von sonnengelben Liegen aus nur zuschauen wollen.
Die Kleinsten werden sich im Wassergarten am wohlsten fühlen. Besonders sanfte Wasserstrudel und eine Mini-Rutsche sorgen dafür, dass die Kinder die Zeit vergessen.
Wellness- und Saunabereich sowie Fitnessstudio locken eher die Größeren.Wer vor oder nach dem Badespaß einen Blick vom 20 Meter hohen Aussichtsturm der Therme werfen möchte, muss dafür vor dem Aufstieg 1 € ins Drehkreuz werfen.

Aufenthaltsdauer
3 Stunden bis ganztags

Parken kostenpflichtig
vor dem Haus

SB-Restaurant

Toilette

Wickelmöglichkeit

Für Kinderwagen geeignet

Kur- und Heilwald

Bansiner Landweg 1
17424 Heringsdorf
www.kur-und-heilwald.de

Alle Altersgruppen

Aufenthaltsdauer
mindestens 1 Stunde

Parken kostenlos

Für Kinderwagen geeignet

Es ist ein besonders schönes Stück Wald mit altem Baumbestand, durch den zum Teil barrierefreie Wege verlegt wurden. Am besten startet man hinter der Heringsdorfer Grundschule. Auf einem der ausgewiesenen Pfade kommt man zu der Stelle, wo einst ein Bismarkturm stand. Durch eine frisch geschlagene Schneise in den Wald kann man nun bis zur Ostsee schauen. Verschiedene Informationstafeln verraten Näheres zur Historie und zu den diversen Stationen im Wald. Höhepunkt speziell für die Jüngsten sind sicher die Motorik- und Sensorikpfade auf dem Rückweg. Das Klettern und Balancieren auf den Freiluft-„Fitnessgeräten“ macht allerdings in jedem Alter Spaß.

Die weltweit älteste Manufaktur für Strandkörbe fertigt in Heringsdorf schon seit 1925 die beliebten Möbel für Strand oder Terrasse.
Ein Rundgang durch die Produktionsstätte kann für größere Kinder durchaus sehr interessant sein.
Die Führung beginnt allerdings zunächst mit einem Ausflug in die traditionsreiche Vergangenheit.
Anschließend wird die Montage in allen Fertigungsstufen erklärt.
Jeder Arbeitsschritt ist auch heute noch Handarbeit.

Der Rundgang führt durch die Tischlerei und die Werkhalle, in der die Strandkörbe geflochten, montiert und verpackt werden. Wer möchte, kann dem Korbflechter nicht nur auf die flinken Finger schauen, sondern auch selbst mal versuchen, die widerspenstigen Kunststoff- oder Rohrbastbänder zu verarbeiten.

Korbwerk Heringsdorf
GmbH & Co. KG
Waldbühnenweg 2
17424 Heringsdorf

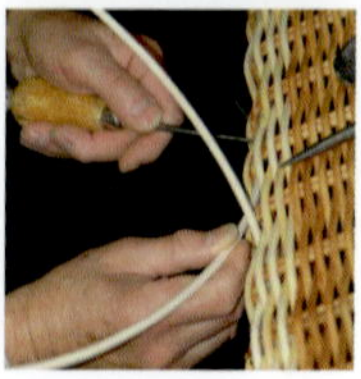

Telefon 038378/465050

www.korbwerk.de

Ab 10 Jahre

Betriebsführung
jeden Do, 10 Uhr

Eintrittspreise
Erwachsene 4 €
Kinder kostenlos

Aufenthaltsdauer ca. 1½ h

Parken kostenlos vor dem Haus

Souvenirshop, Bestellmöglichkeit für Strandkörbe

Toilette

Für Kinderwagen geeignet

Ahlbeck *Skaterbahn*

Kurverwaltung
Dünenstraße 45 d
17419 Seebad Ahlbeck
Telefon 038378/24414

Für alle mit Skater-Erfahrung

Öffnungszeiten ganzjährig

Eintritt frei

Aufenthalt je nach Ausdauer

Parken kostenpflichtig im Ort

Imbiss in der Nähe

Für Kinderwagen geeignet

Mitten in Ahlbeck, direkt an der Flaniermeile, befindet sich am Dünenrand eine moderne Skaterbahn. Die Betonwanne mit diversen Jongliermöglichkeiten wird vor allem von den einheimischen Jugendlichen genutzt. Ob Flip-Trick oder Slide-Trick, es müssen nicht unbedingt Stufen oder Geländer zum Üben genutzt werden. Die Ahlbecker Skaterbahn hat Platz. Halfpipe, Kiker und Handrail sorgen für ausreichend Fun. Ein idealer Ort, um Kontakt mit Gleichaltrigen zu knüpfen. Die entsprechende Ausrüstung muss allerdings mitgebracht werden. Ein eigenes Skateboard passt sicherlich ins Reisegepäck. Da diese Anlage sich in Strandnähe befindet, können hier wieder viele Interessen unter einen Hut gebracht werden: Baden, Sonnen, Skaten.

An 22 Geräten kann Kraft, Koordination sowie Ausdauer trainiert oder einfach nur überprüft werden. Dabei werden fast alle Altersklassen angesprochen. Es gibt einen Fitnessbereich, einen Laufbereich, einen Koordinationsbereich und einen Spielbereich. Überall an den Geräten wurden Übungsvorschläge angebracht. Auf den anschaulichen Abbildungen sind die Muskelgruppen dargestellt, die gezielt trainiert werden können. Man kann sich nach Lust und Laune auspowern.
Die Aktivpromenade lädt nicht nur die Sportlichen ein, sondern alle, die wieder mal ihren Gleichgewichtssinn, ihre Motorik oder ihr Gehirn testen möchten.

Nahe Grenzstraße

Ab 5 Jahre

Ganzjährig zugänglich

Aufenthaltsdauer je nach Bewegungsdrang bis 2 Stunden

Parken kostenpflichtig im Ort

Imbiss in der Nähe

Für Kinderwagen geeignet

Wanderung Zirowberg

Ab Wanderalter

Wanderdauer 1½ bis 2 Stunden

Parken kostenlos am Sky-Markt

Mückenmittel nicht vergessen

Der Zirowberg liegt am Rande von Ahlbeck mitten im Wald. Die Wanderung beginnt in der Nähe des Sky-Marktes hinter dem Gewerbegebiet, führt über die Gleise linker Hand in die Natur. Ein Wanderpfad ist ausgeschildert. Der Weg geht über eine kurze und steile Strecke in die Höhe oder über den rechten Pfad etwa 15 Minuten länger zum Aussichtsturm. Oben angekommen, erschließt sich ein einmaliger Blick über die Kaiserbäder Ahlbeck und Heringsdorf bis weit auf die Ostsee hinaus. Im Sommer gibt es neben Mücken auch viele Blaubeeren im Wald. Im Herbst lohnt es sich, einen Korb mitzunehmen, der Pilze wegen. Der Ausflug dauert mit kleineren Kindern gute

zwei Stunden, die größeren sind entsprechend schneller. Auf der Höhe findet sich eine überdachte Sitzgelegenheit – ein ideales Plätzchen für ein kleines Picknick. Unter dem Zirowberg befindet sich übrigens das Süßwasserreservat, von dem aus die Kaiserbäder und sogar Swinemünde versorgt werden.

Vergängliche Meisterwerke, die jedes Jahr aufs Neue geschaffen werden – Zutaten: 9500 Kubikmeter besonders „eckiger" Spezialsand, Wasser und sonst nichts. Daraus entstehen unter den Händen internationaler Carver – also Sandskulpturenkünstler – bis zu 7 Meter hohe Märchenfiguren, Forscher oder maritime Landschaften. Je nach Thema, das sich jedes Jahr ändert.
Im Anschluss an den Rundgang können kleine Sandskulpturenkünstler im Sandkasten ihre eigenen Werke gestalten. Der Sand ist übrigens derselbe, wie ihn die Carver für die Ausstellung verwenden.

Swinemünder Chaussee 11
(Grenzparkplatz)
17419 Ahlbeck

www.sandskulpturen-usedom.de

Ab 3 Jahre

Öffnungszeiten
Anfang April bis
Anfang November
täglich 10 bis 18 Uhr

Eintrittspreise
Erwachsene 8,50 €
Kinder (4 bis 14 J.) 5,50 €
Familienticket
(2+2) 23,50 €
(2+3) 24,50 €
(2+4) 25,50 €

Aufenthaltsdauer 30 bis 45 min

Parken kostenpflichtig

Imbiss mit Kuchen sowie heißen und kalten Getränken

Bücherverkauf

Toiletten

Für Kinderwagen geeignet (fester Sandboden)

Ausflüge ins benachbarte Polen
Swinemünde

Ausflug nach Swinemünde

Adler-Schiffe
Telefon 04651/9870888
www.adler-schiffe.de/ab-misdroy-und-swinemuende

Preise
Erwachsene
einfache Fahrt 13 €
Tagesfahrt 18 €
Kinder (4 bis 14 J.) einfache Fahrt 7,50 €
Tagesfahrt 10 €
Familienticket 33,50 €
Tagesfahrt 46 €
Imbiss auf dem Schiff

Usedomer Bäderbahn
Kaiserbäder-Europa-Linie verkehrt zwischen den Kaiserbädern und Swinemünde
Einzelfahrt 3 €
Kinder 1,80 €
Usedom-Ticket für bis zu 5 Personen von 18 bis 36 €

Fahrplanauskunft unter 0800/5390000 (kostenfrei) oder 038378/2710

Touristinformation am Hafen
Plac Słowiański 6/1
72-600 Świnoujście
Telefon 0048/91/3224999

0048/91/3271630
www.swinoujscie.pl/de
www.swinemuende.eu

Öffnungszeiten
Mo bis Fr 9 bis 17 Uhr
Sa 10 bis 14 Uhr

Da Usedom an der deutsch-polnischen Grenze noch nicht endet, lohnt durchaus ein Besuch der östlichsten Seite der Insel.
Eine beliebte Art, ins Nachbarland zu reisen, erfolgt auf dem Seeweg mit einem der „Adler"-Schiffe. Aber auch Bus und Usedomer Bäderbahn UBB sind reizvolle Alternativen – vor allem, wenn man sie miteinander verbindet.
Vom Swinemünder Hafen aus kann man Rundfahrten durchs Vogelschutzgebiet und durch die Kaiserfahrt bis in die alte Swine unternehmen. Ein weiterer schöner Ausflug führt mit dem Tragflächenboot „Bosman Express" übers Haff bis zu den Hakenterrassen in Stettin. Dort hat man 3 Stunden Zeit, die Altstadt mit dem Schloss der Herzöge zu erkunden.
Swinemünde ist die größte Stadt der Insel Usedom, hat einen herrlichen breiten Strand und eine reizvolle Umgebung. Daher sind Strand und die Promenade mit ihren vielen Biergärten und Cafés besonders beliebt. Für kleine Kinder gibt es Hüpfburgen und Rutschen sowie in der Nähe des Freibades ein Piratendorf.
Im historischen Kurpark (einst angelegt von Lenné) wurden Freiluft-Fitness-Spielgeräte aufgebaut, an denen sich ganze Familien austoben können. Auch der Skatepark und der Seilkletterpark Bluszcz in der Ulica Matejki sind sehr beliebt.
Einen herrlichen Ausblick über die ganze Stadt hat man übrigens vom Turm der früheren Lutherkirche (Ul. Paderewskiego 7). Durch das Café im ehemaligen Glockenturm geht es 256 Stufen hinauf.
Wer es maritim mag, kann das Museum für Hochseefischerei besuchen. Zu sehen sind Ausstellungen über Meeresfauna und -flora, über Navigationsgeräte sowie Mineralien und Fossilien. In der oberen Etage informiert eine Sammlung von alten Ansichtskarten und

Fotos über die Swinemünder Heimatgeschichte aus der Zeit vor 1945.
Im Oceanarium kann man in die Welt der Korallenriffe eintauchen. In großen Aquarien sind Feuerfische und Haie, Muränen und bunte Clownsfische zu sehen.
Für Geschichtsinteressierte gibt es mit den preußischen Befestigungsanlagen gleich mehrere spannende Ziele.
Die Engelsburg (Fort Aniola) thront am linken Swine-Ufer. Die dreigeschossige Rotunde wurde zwischen 1845 und 1858 zum militärischen Schutz der Stadt errichtet. Auf drei Etagen konnten aus 24 Schießscharten Kanonen abgefeuert werden. Im Erdgeschoss befindet sich ein Café in einem eindrucksvollen Kaminsaal.
Fährt man hinter dem Fort Engelsburg die Straße weiter Richtung Ostsee, kommt eine weitere große militärische Befestigungsanlage in Sicht. Das Westfort (Fort Zachodni) ist eine befestigte Küstenbatterie mit Artillerieterrasse und unterirdischen Kasematten.
In einigen der Gewölbe ist eine Menge Militärgerät aus unterschiedlichen Zeiten zusammengetragen worden.
Am rechten Swine-Ufer liegt in der Nähe des Leuchtturmes die „Ostbatterie“ (Fort Gerharda). 1877 wurde das Fort mit Munitionsbunker und Kasernenbauten ausgebaut, um die Swine-Einfahrt zu schützen. Ein „Festungskommandant“ in alter preußischer Uniform und Pickelhaube führt herum und begeistert vor allem die Kinder.
Mit 68 Metern ist er der höchste an der Ostsee: der 1857 am rechten Swine-Ufer erbaute Leuchtturm (Eintritt nur in zl). 308 Stufen führen über eine Wendeltreppe bis zur Galerie. Bei guter Sicht wird der Aufstieg mit einer herrlichen Aussicht belohnt. Um zum Leuchtturm zu gelangen, ist mindestens ein Fahrrad angeraten. Von der Stadtfähre aus sind es bis zur Landspitze etwas mehr als 5 Kilometer.

Museum für Hochseefischerei
Pl. Rybaka 1 (direkt am Hafen)
72–600 Swinoujscie
Telefon 0048/913212426
www.muzeum-swinoujscie.pl

Oceanarium
„Oceanarium“
Galerie „ Promenada“
Ul. Zeromskiego 79,
täglich geöffnet
von 10 bis 19 Uhr
www.oceanarium.com.pl
(nur auf polnisch)

Fort „Engelsburg
ul. Jachtowa dz. 158
72–600 Swinoujscie
Telefon 0048/601767171
www.fortaniola.pl

Westfort
ul. Jachtowa
72–600 Swinoujscie
Telefon 0048/508738118
www.fortzachodni.pl

Ostfort
ul. Bunkrowa
72–610 Swinoujscie
Telefon 0048/503741307
www.fort-gerharda.pl

Leuchtturm
ul. Bunkrowa
72–610 Swinoujscie
Telefon 0048/913216063

Korswandt *Wolgastsee*

Am Wolgastsee
17419 Korswandt
Telefon 0176/24207872

Alle Altersgruppen

Öffnungszeiten
Mai bis September
täglich 10 bis 18 Uhr
nach Wetterlage

Preise pro Stunde
Ruderboot 6 €
Tretboot 8 €
Wassertreter für 6 Personen 10 €

Aufenthaltsdauer ½ Tag

Parken mit Parkuhr

Imbiss, Restaurant
„Idyll am Wolgastsee“

Toilette

Für Kinderwagen geeignet

Der Wolgastsee befindet sich südlich von Ahlbeck. Er liegt mitten im Wald, hat klares Wasser und bietet Badespaß für diejenigen, die es ruhiger lieben. Schwimmen oder Boote ausleihen, angeln oder auf der Wiese liegen und den Schwänen zuschauen – alles ist möglich. Für Kinder gibt es einen kleinen Spielplatz mit Schaukel. Die Badestelle führt flach ins Wasser, so dass auch die kleinen Gäste ohne Salzwasser und Wellenschlag hier spielen können. Wer angeln möchte, kann das unkompliziert organisieren.
Die Angelrute und Köder sind mitzubringen.
Die Angeltageskarte für 10 € gibt es im nahen Hotel „Idyll am Wolgastsee“ an der Rezeption zu erwerben.

Schön ist auch eine Radtour in die Wälder, zum kleinen Herzsee beispielsweise. Am Wolgastsee kann man ruhig einen halben oder ganzen Tag verbringen, er ist ideal vor allem für Familien mit kleineren Kindern.

Zirchow *Hangar 10*

Es dürfte eine weltweit einmalige Sammlung von historischen Flugzeugen sein, die hier in einer Halle ausgestellt ist. Sie zeigt die beeindruckende Entwicklung vom Flugapparat, wie Lilienthal ihn im Selbstversuch testete, bis zu legendären Maschinen vom Typ Spitfire, Messerschmitt oder Mustang, die im 2. Weltkrieg zum Einsatz kamen. Historische Dokumente und eine sehr empfehlenswerte Führung machen die Ausstellung nicht nur für Fans spannend. Mit einigen der ausgestellten Flug-Oldtimer können übrigens Rundflüge über Usedom unternommen werden – ein mit Sicherheit außergewöhnliches Erlebnis.

Darüber hinaus ist auch an jüngere Besucher gedacht. Von Bällchenbad und Kletterturm über eine große Indoor-Kletteranlage und Riesendart bis zum Flug- und Fahrsimulator reicht das Angebot.

An der Haffküste 1
17419 Zirchow
Telefon 038376/29510

www.hangar10.de

Ab 4 Jahre

Öffnungszeiten
Ende April bis 31. Oktober
10 bis 18 Uhr (Di Ruhetag)
1. November bis 26. Dezember
10 bis 16:30 Uhr
(Di und Mi Ruhetage)
Winterferien
täglich 10 bis 16.30 Uhr

Eintrittspreise
Erwachsene 12 €
Jugendliche 10 €
Kinder 8 €
Familienkarte (2+2) 29 €

Aufenthaltsdauer
1½ h bis ½ Tag

Parken kostenfrei

Restaurant im Flieger-Ambiente
& Lounge mit Snacks

Toiletten

Wickelmöglichkeiten

Für Kinderwagen geeignet

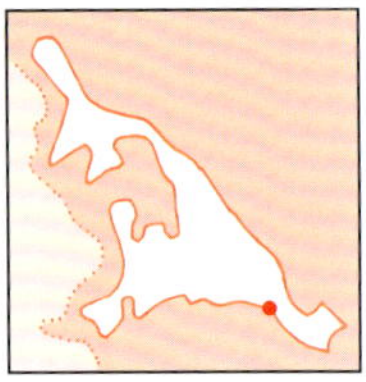

Kamminke *Gedenkstätte Golm*

Altersgruppe ab 10 Jahre

Öffnungszeiten täglich

Eintritt frei

Aufenthaltsdauer 1 Stunde

Parken kostenlos im Ort, ca. 500 m vor dem Golm

Für Kinderwagen geeignet

Der Golm ist die höchste Erhebung (59 Meter) der Insel. Überreste eines Burgwalls reichen bis in die Bronzezeit zurück. Der bewaldete Hügel war zu Beginn des vorigen Jahrhunderts ein beliebtes Ausflugsziel der Swinemünder.
Der 2. Weltkrieg nahm ihm jäh seine Idylle. Während des verheerenden Bombenangriffs auf die nahe Stadt am 12. März 1945 starben schätzungsweise zwischen 6 000 und 10 000 Menschen, vor allem Zivilisten. Viele wurden in Massengräbern auf dem Golm begraben. Seitdem ist der Berg einer der größten Kriegsopferfriedhöfe Deutschlands.
Der schattige Weg schlängelt sich stetig bergan. Auf großen Wiesenflächen stehen vereinzelte Steinkreuze. In einem Pavillon sind die historischen Geschehnisse aufgearbeitet, auf Bronzeplatten namentlich bekannte Opfer verewigt. Folgt man dem Weg weiter hinauf, kommt man an der Plastik einer frierenden Frau im Soldatenmantel und an einem schlichten Rundbau aus Beton vorbei.
Noch einmal wird die Strecke steiler. Etwa 300 Meter weiter befindet sich die alte Aussichtsstelle, von wo aus man noch immer einen wunderschönen freien Blick über die polnische Grenze bis nach Swinemünde hat.

Wer nach dem Besuch der Gedenkstätte auf dem Golm in Kamminke noch eine Pause einlegen möchte, kann die Straße zum Hafen weiterfahren. Dieser ist nicht groß, meist sind nur ein paar Fischerboote an der Mole vertäut.
Auf der Wiese direkt hinter dem Kai warten allerdings zwei Fußballtore auf kleine Kicker, die sich austoben möchten.
Die Fischräucherei mit Imbiss „Klönsnack" direkt auf der Mole bietet übrigens nach hinten einen geschützt gelegenen, rustikalen Biergarten mit Blick zum Haff. Im Sommer lohnt es sich durchaus, die Badesachen mitzunehmen. Nur ein paar Schritte entfernt befindet sich ein kleiner Strand mit flachem Wasser.

Alle Altersgruppen

Aufenthaltsdauer ½ bis 1 Stunde

Parken kostenlos am Hafen

Fischräucherei auf der Mole,
Imbiss an der Straße
April bis Oktober
täglich 8 bis 24 Uhr

Öffentliche Toilette auf der Mole hinter dem Imbiss

Für Kinderwagen geeignet

70

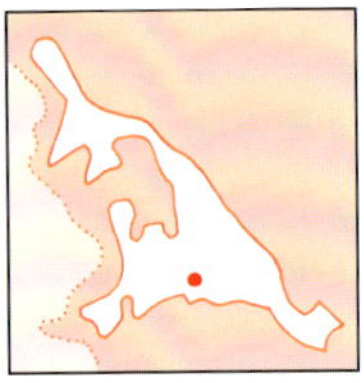

Dargen
DDR-Museum

Bahnhofstraße 1
17419 Dargen
Telefon 038376/20290

www.museumdargen.de

Ab Schulalter

Öffnungszeiten
April bis Oktober
10 bis 18 Uhr
November bis März
10 bis 15 Uhr

Eintrittspreise
Erwachsene 7.50 €
Kinder (ab 6 J.) 5 €

Aufenthaltsdauer
mindestens 1 Stunde

Parken kostenlos
vor der Ausstellung

Vereinsgaststätte mit
Imbissangebot &
selbstgebackenem Kuchen

Toilette

Für Kinderwagen geeignet

Als nach der Wende alte DDR-Technik, Motorräder und Autos verschrottet wurden, begann Bernd Heuer sie zu sammeln. Inzwischen führt sein Sohn Andreas sein Werk fort und füllt auf dem früheren BHG-Gelände drei große Hallen und ein Zelt mit historischen Stücken – für technisch interessierte Kinder und ihre Eltern durchaus eine Fundgrube und gleichzeitig eine Reise in die Vergangenheit. Hier geht es weder um den Anspruch der Vollständigkeit noch um Perfektion. Sandmännchenfiguren, Handpuppen, Kuckucksuhren und sogar ein ganzes Wohnzimmer erinnern an den Alltag in der DDR. Viele der alten Fahrzeuge sind sorgsam restauriert und fahrbereit. Auch ein kompletter Kiosk samt Zeitungen, Glückwunschkarten und Tele-Lotto-Scheinen hat hier überdauert. In der Vereinsgaststätte sind DDR-typische Gerichte auf echtem Mitropa-Geschirr im Angebot.

Ab dem Abzweig von der B 110 nach Dargen ist das Wisentgehege ausgeschildert. Bis zum 14. Jahrhundert waren die massigen Tiere auf Usedom heimisch. Dann wurden sie ausgerottet. Nun sind 5 reinrassige Tieflandwisente aus dem Nationalpark Wollin in Polen in ihre alte Heimat zurückgekehrt. Von einer kleinen Plattform und einer Art Balkon können die Besucher bequem ins Gehege hineinschauen. Größere Aktionen sind vom größten Säugetier Europas allerdings nicht zu erwarten.

Große Schautafeln vermitteln jede Menge Informationen über die zotteligen Riesen.
Für Kinder interessant dürfte der Kletter-Wald nebenan sein. Eine Art Baumhaus kann über Hängebrücke und Seile geentert werden. Sollte das etwas länger dauern, lädt die Eltern ein überdachter Sitzplatz zum Verweilen ein.

Wiesenstraße 9
17419 Prätenow
Telefon 0174/4653313

www.wisentgehege-usedom.de

Ab 3 Jahre

Öffnungszeiten
Ostern bis Oktober
täglich 10 bis 17 Uhr
November bis Ostern
täglich 10.30 bis 17.30 Uhr
24. Dezember geschlossen
31. Dezember 10.30 bis 13 Uhr
Fütterungszeiten
10 bis 14.30 Uhr

Eintrittspreise
bis 6 Jahre Eintritt frei
sonst pro Person 5 €
Familienkinder ermäßigt

Aufenthaltsdauer 1 Stunde

Parken kostenlos vor dem Gehege

Eis und Getränke an der Kasse

Toilette

Für Kinderwagen geeignet

Hunde bitte an der Leine führen

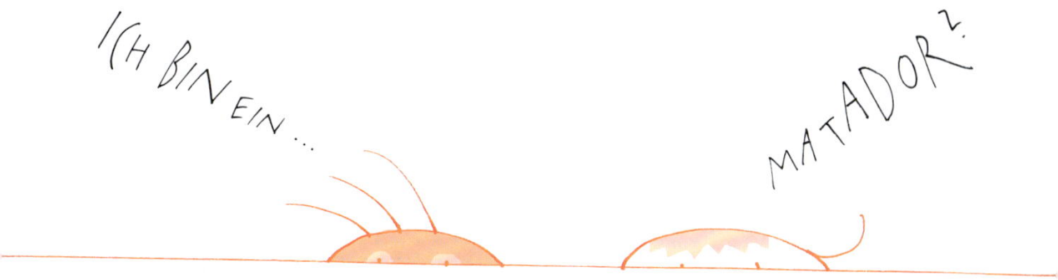

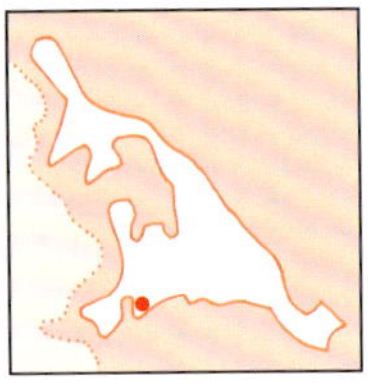

Welzin *Inselkäserei Usedom*

Dorfstraße 30
17406 Welzin
Telefon 038372/76139

www.inselkaese.de

Ab 6 Jahre

Öffnungszeiten
Mo bis Sa 10 bis 17 Uhr
So 13 bis 17 Uhr
im Sommer 1 Stunde länger

Eintritt frei

Gruppen vorher anmelden

Aufenthaltsdauer
mindestens ½ Stunde

Parken kostenlos am Haus

Käse-Shop

Überdachter und
abgeschlossener Picknikplatz

Für Kinderwagen geeignet

Alles Käse, sagte die Maus, und knabberte ein weiteres Loch in die gelbe Leckerei. In Welzin freut sich Käsemeister Steffen Schulze über

jeden, der sich tatsächlich für die Fertigung von Käse interessiert. Hinter einer großen Glaswand kann man ihn vom kleinen Verkaufsraum aus bei seiner Arbeit beobachten. Alle drei Tage wird aus rund 300 Liter frischer Biomilch, die von Kühen aus Loddin kommt, im kupfernen Bottich der Käse angesetzt. Mit starken Armen rührt Steffen Schulz dann in der Lake. Wieder und wieder durchkämmt er sie, bis sie schöne gleichmäßige Bröckchen gebildet hat. Abgesaugt, gefiltert und in Formen gepresst, werden daraus später goldgelbe Käselaiber. Im Reifekeller bei Stolpe lagern sie mindestens 3 Monate, manche auch zwei Jahre.

Übrigens: Kostproben für alle Feinschmecker gibt der gebürtige Elsässer gern ab. Außerdem verrät er, warum Kinder, die Käse essen, ganz beruhigt ihre Kräfte mit denen den Eltern messen können.

Labömitz *Tierhof*

Ein kleines Schild nur weist den Weg von der Hauptstraße zum Tierhof (von Benz kommend rechts). Wer hinter dem Tor niemanden antrifft, braucht nur die große Glocke zu läuten.
Mehr als 120 Tiere wohnen hier. Der Hof ist gleichzeitig Auffangstation für verletzte Wild-, Land- und ausgesetzte Haustiere, aber auch Zuhause für zahlreiche Dauerbewohner: Schweine, Hühner, Schafe, Ziegen und Greifvögel. Wer Glück hat, kann zum Beispiel ein Kitz sehen oder Störche, die hier aufgepäppelt werden. Kleine mutige Tierfreunde dürfen auch die Zwergkaninchen oder mal eine Katze streicheln. Größere wagen sich vielleicht schon an die Hausziege.

Triftstraße 6
17429 Benz, OT Labömitz
Telefon 038379/289892

Ab 1 Jahr

Öffnungszeiten
täglich 10 bis 16 Uhr

Eintritt frei

Aufenthaltsdauer 1 Stunde

Parken kostenlos am Hof

Tierhof-Lädchen

Toilette

Für Kinderwagen geeignet

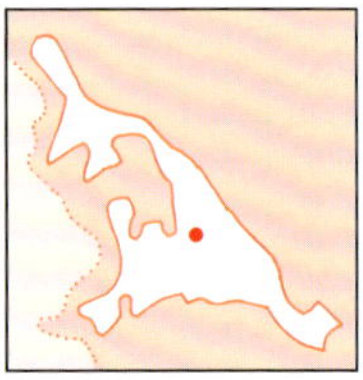

Benz *Holländerwindmühle*

Mühlenweg
17429 Benz
Telefon während der Öffnungszeiten
038379/227944
Mobil 0172/9096974

www.muehle-benz.de

Ab 5 Jahre

Öffnungszeiten
April bis Oktober
Di bis So 10 bis 17 Uhr
Montag geschlossen
Wetterbedingte Schließungen sind möglich

Eintrittspreise
Erwachsene 3 €
Kinder 1,50 €

Aufenthaltsdauer 1 Stunde

Parken kostenlos am Mühlenberg

Imbiss im Backhaus (gegenüber der Mühle)

Toilette

Die Windmühle in Benz wurde 1823 zum ersten Mal urkundlich erwähnt. Bis 1971 war sie über sechs Müller-Generationen in Betrieb.
Dann kaufte der Künstler Otto Niemeyer-Holstein das Baudenkmal, machte es zum Künstlerdomizil und rettete es vor dem Verfall.

Das Innere der Mühle sieht aus, als könnte der Müller jederzeit seine Arbeit fortsetzen. Eine Etage kann man hinabsteigen und über vier steile Stiegen bis hoch in die Haube zur Flügelwelle hinaufklettern. Beim Bestaunen alter Walzen, Räder und Wellen sollte man aber nicht versäumen, einen Blick aus dem Fenster hinüber zum Schmollensee zu werfen. Der Verein „Kulturmühle Benz" e.V. organisiert außerdem regelmäßig Kunstausstellungen, Veranstaltungen und das Mühlenfest zu Pfingsten.
Gegenüber der Mühle steht das Backhaus. Fast täglich verlassen verführerisch duftende Brote und Kuchen den Ofen – alle nach alten regionalen Rezepten zubereitet. Wo bekommt man sonst noch frisches Brot mit selbstgemachter Kräuterbutter oder Schmalz?

Pudagla *Bockwindmühle*

Das genaue Alter der Bockwindmühle ist nicht bekannt. Erstmals erwähnt findet man sie 1673 in der Ortschronik von Pudagla.
1997 wurde das technische Denkmal für die Restaurierung komplett abgebaut und ein halbes Jahr später wieder zusammengesetzt. Die Einzelteile wogen rund 65 Tonnen und mussten auf drei Lastzügen in eine Fachwerkstatt transportiert werden. So konnte die Usedomer Bockwindmühle noch im selben Jahr als einzige ihrer Art am alten Standort wieder eingeweiht werden.
Der Name kommt daher, dass sich die gesamte Mühle mit dem sogenannten Stert auf einem Bock in den Wind drehen lässt. Auf zwei Etagen kann man das voll funktionstüchtige Innere besichtigen.
Zu den Mühlenfesten (fünfmal im Jahr) wird gemahlen und Brot gebacken.

Zur Reitbahn 8
17429 Pudagla
Telefon 038378/34872

www.usedom-bockwindmuehle-pudagla.de

Ab 5 Jahre

Öffnungszeiten
Mai bis Anfang Oktober
Mo bis Fr 10 bis 16 Uhr
Sa und So 13 bis 16 Uhr

Eintrittspreise
Erwachsene 2 €
Kinder (ab 5 J.) 1 €

Aufenthaltsdauer 1 Stunde

Parken kostenlos am Mühlenberg

Souvenirshop an der Kasse:
Honig, Säfte, Marmelade

Café in den Ferien,
selbst gebackener Kuchen

Toilette

Gullivers Welt & Papageienhaus

Am Sandfeld 1
(Gewerbegebiet 1)
17429 Pudagla
Telefon 038379/289855

www.papageienhaus-gulliverswelt.de

Ab 3 Jahre

Öffnungszeiten
April bis Oktober
täglich 10 bis 18 Uhr
November bis März
täglich 10 bis 16 Uhr

Eintrittspreise
Erwachsene 9 €
Kinder (4 bis 16) 8 €
Familienticket (2+1) 23 €
(2+4) 27 €

Aufenthaltsdauer ca. 1 Stunde

Parken kostenfrei vor dem Haus

Gullivers Snackbar mit Imbiss,
kalten Getränken,
Eis und Kaffeeautomaten

Kleiner Souvenirladen

Toiletten

Für Kinderwagen geeignet

Größe ist relativ. Wenn die Besucher auf eine Hand von Gulliver klettern oder neben seinem Gesicht nicht mal bis zur Nase reichen, dann betrachten sie den vermeintlichen Riesen aus der Perspektive von Liliput-Bewohnern.
Auch um den gestrandeten Gulliver herum gibt es Unterhaltung für die ganze Familie: Zerrspiegel und Sinnestäuschungen, Trampolin und ein mobiles Kegelspiel. Das Papageienhaus ist ein großer Raum ohne Käfige. Kleinere oder schreckhafte Kinder sollte man daher im Auge behalten, denn die zahmen Tiere sind neugierig und setzen sich gern auf Schultern und Hände der Besucher.

Vom Wetter unabhängig bietet diese Anlage die Möglichkeit, sich durch 2 mal 18 Loch zu spielen.

Gewerbegebiet an der B111
17429 Pudagla
Telefon 038379/288348

www.indoorminigolf-pudagla.de

Ab 5 Jahre

Öffnungszeiten
Jan bis März und November
11 bis 17 Uhr
April bis Juni,
September, Oktober, Dezember
11 bis 18 Uhr
Ende Juni bis Anfang September
10 bis 19 Uhr

Eintrittspreise
Erwachsene 6/11 €
(18-Loch/36-Loch)
Kinder ab 1 Meter 4,50/8 €

Aufenthaltsdauer
1 oder 2 Stunden

Parken kostenlos

Imbiss mit Suppen und
Erfrischungsgetränke sowie
Kaffee und Kakao

Toilette

Für Kinderwagen geeignet

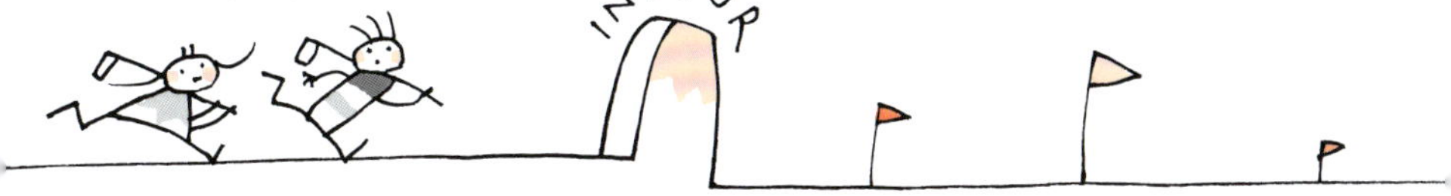

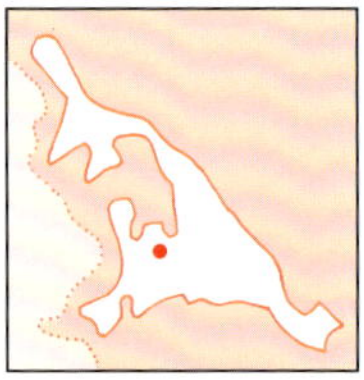

Mellenthin

Usedoms Botanischer Garten

Am Abzweig von der B 110 nach Mellenthin befindet sich Usedoms Botanischer Garten. Die Privatanlage öffnete 2009 erstmals ihre Pforten. Mittlerweile sind Büsche und Bäume so groß, dass das 60 000 Quadratmeter große Gelände bereits einem verwunschenen Irrgarten gleicht. Auf dem ehemaligen Ackerland stehen mehr als 70 000 unterschiedliche Pflanzen. Die Anlage wurde so gestaltet, dass von Frühjahr bis Herbst immer irgendwo Blütenzauber zu bestaunen ist.

Während die Erwachsenen Ideen für den eigenen Garten suchen, stromern die Kinder mal kurz um die Buschecke und tauchen unter Umständen erst am Picknickplatz wieder auf. Beim Versteckspielen, beim Auskundschaften der Wege oder dem Liegen auf der Wiese sowie beim Beobachten des Insektenhotels verstreicht die Zeit, ohne dass man es merkt.

Chausseeberg 1
17429 Mellenthin
Telefon 038379/20246

www.usedoms-botanischer-garten.de

Jedes Alter

Öffnungszeiten
Mai, September, Oktober
9 bis 19 Uhr
Juni, Juli, August
9 bis 20 Uhr

Eintrittspreis pro Person 5 €

Aufenthaltsdauer
mindestens 1 Stunde

Parken
kostenlos an der Gaststätte

Pflanzenverkauf

Gaststätte;
oder Picknick-Korb mitbringen

Toilette

Für Kinderwagen geeignet

Neu:
Großer Spielplatz

Morgenitz
Töpferei & Friedhof

Ein Ausflug nach Morgenitz kann Freude für Groß und Klein bringen. Das Dorf ist über die Inselgrenze hinaus für seinen Töpfermarkt bekannt. Jedes letzte Wochenende im Juli findet dort seit 1991 die beliebte Veranstaltung statt. Aber auch sonst lohnt ein Besuch des kleinen Dorfes im Lieper Winkel. Auf dem Friedhof stehen die bronzezeitlichen Mahlsteintröge, die Pfarrer Wilhelm Hörstel vor dem 2. Weltkrieg gesammelt hat, verstreut mitten unter den Gräbern aus dem 19. Jahrhundert mit ihren eisernen Kreuzen. Nach 1876 wurden hier keine Bestattungen mehr vorgenommen. Maulbeerbäume dokumentieren den gescheiterten Versuch Friedrich II., in Morgenitz ebenso wie in Liepe eine Seidenraupenzucht zu etablieren.

Töpferwerkstatt

17406 Morgenitz
Telefon 038372/70910

Ab 6 Jahre

Öffnungszeiten
Sa, Mo, Di
Sommer 16 bis 17 Uhr
Winter 12 bis 13 Uhr

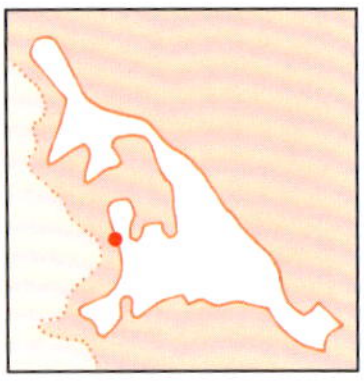

Rankwitz
Wasserwanderrastplatz

Am Hafen
17429 Rankwitz
Telefon 0171/6512799
oder 038372/73800

Alle Altersgruppen

Parken kostenlos

Gaststätten direkt am Hafen

Toilette

Wickelmöglichkeit auf Anfrage

Für Kinderwagen geeignet

Der kleine Fischerort zieht sich längs des Peenestroms hin. Er befindet sich im Lieper Winkel und eignet sich nicht nur für einen Ausflug mit dem Auto. Besonders lohnend sind Radtouren in die Umgebung, um die kleinen Dörfer und die ländliche Idylle zu genießen.

Für kleine Gäste lohnt sich ein Trip zu der Kinderbuchautorin Angelika Wylegalla im roten Hexenhäuschen von Warthe-Ausbau.
Gebadet werden kann an der Krienker Badestelle.
In Rankwitz bcfindet sich ein kleiner, stiller Hafen, der Mitte der 1990er-Jahre als Wasserwanderrastplatz ausgebaut wurde. Segelboote und ein kleiner Ausflugsdampfer machen dort fest.
Die „Alte Liebe“ fährt immer dann auf den Peenestrom hinaus, wenn 12 Personen zusammenkommen.

Stolpe *Falknerei*

Zum Falknerhof folgt man am besten der Ortsausschilderung – auch wenn man zwischenzeitlich meint, der Weg führe ins Nichts. Am Ende der Sandpiste taucht der wunderschöne Hof auf.
Kurz davor befinden sich linker Hand der Parkplatz und hügelan das Gelände, wo die Vorführungen stattfinden. Der Sibirische Uhu Fridolin, kleine Käuzchen, ein Amerikanischer Wüstenbussard und Falken werden hand- und hautnah vom Falkner präsentiert.
Kinder dürfen dem Käuzchen Fleischbrocken auf der ausgestreckten Hand anbieten, Männer laufen unter Umständen mit dem Bussard um die Wette.
Die Freiflugvorführung ist keine Show und dennoch jede Sekunde hochspannend. Denn die wilden Tiere sind zwar dressiert, aber eben doch Jäger und Könige der Lüfte.

Stolper Hof
Landweg 1
17406 Stolpe auf Usedom
Telefon 038372/71081
Falkner 0176/38400069

www.falknerhof-usedom.de

Ab 3 Jahre

Vorführungen
täglich 10.30 und 14.30 Uhr

Eintrittspreise
Erwachsene 7 €
Kinder 4 €

Aufenthaltsdauer 1 Stunde

Parken kostenlos
neben der Wiese beim Hof

Für Kinderwagen geeignet

Usedom

Zeesbootsegeln mit der „Romantik“

Rika Harder
Westklüne 1
17406 Usedom
Telefon 0173/6079768

www.zeesenboot.de

Ab 5 Jahre

Mai bis Oktober
Fahrzeiten nach Vereinbarung

Preise (Kurztörn)
Erwachsene 16 €
Kinder (bis 12 J.) 8 €
maximal 12 Personen

Dauer kurzer Segeltouren
(1 ½ Stunde)
auch halb- und ganztägige Törns
(Termine telefonisch erfragen)

Parken kostenlos am Hafen

Getränke an Bord

Früher dienten die Zeesenboote den Fischern zum Broterwerb, heute kann man von Bord aus einfach nur die sanfte Schönheit der Landschaft genießen. Von Usedom aus läuft die „Romantik“ mit den charakteristischen dunkelroten Segeln in Richtung Stettiner Haff aus. Wer möchte, kann gern beim Setzen der Segel Hand anlegen. Kinder dürfen manchmal auch ans Steuer. Mehr als 50 Jahre hat der Segler schon auf den Planken, doch gerade das macht seinen Reiz aus. Schwimmwesten für Kinder gibt es an Bord, ebenso Getränke für durstige Kehlen. Wer ein dringendes Bedürfnis verspürt, für den muss allerdings angelegt werden. Bei längeren Törns sind ohnehin Landgänge vorgesehen.

DEN ANKER SETZEN!
DIE SEGEL HIEVEN!

Aus Richtung Ahlbeck kommend liegt die Kartbahn rechts von der Hauptstraße, erreichbar über einen unscheinbaren kleinen Landweg. Die große Betonhalle erlaubt wetterunabhängigen Fahrspaß. Die Anmeldung erfolgt in dem Café am Eingang. Von dort aus sieht man hinter dem großen Fenster schon die Bahn. Die kurvenreiche Strecke ist 300 Meter lang, bis zu 12 Gokarts können sich hier ein Rennen liefern.

Wer sich zum ersten Mal auf eine solche Anlage wagt, wird durch den Mechaniker mit dem kleinen Rennauto und seinen Besonderheiten vertraut gemacht. Dafür sollte man etwa 10 Minuten einplanen. Dem Check-up folgt eine Proberunde – und dann gilt freie Fahrt für die Flitzer.

Bäderstraße 7
17406 Usedom
Telefon 0173/5130114

www.indoorkart-usedom.de

Ab 1,30 m Körpergröße

Öffnungszeiten
Juli bis September
So bis Fr 13 bis 19 Uhr
Sa geschlossen

Preise
Erwachsene 10 min 9.50 €
15 min 12 € / 20 min 16 €
Kinder 10 min 6,50 €
Sturmhaube 2,50 €

Aufenthaltsdauer
mindestens 1 Stunde

Parken kostenlos vor der Halle

Getränke

Toilette

Traktoren Welt

Andreas Tietz
Stolper Straße 1d
17406 Usedom
Telefon 0160/4407999

www.traktoren-welt-usedom.de

Ab 5 Jahre

Öffnungszeiten
April bis Oktober
11 bis 17 Uhr

Eintrittspreise
Erwachsene 5 €
Kinder (bis 16 J.) 2 €

Aufenthaltsdauer ca. 1 Stunde

Parken kostenlos auf dem Gelände

Für Kinderwagen geeignet

Trecker fahren ist ein besonderes Erlebnis. In diesem Fall steht eine Vielzahl von Traktoren in einer Halle. Geputzt, gepflegt und repariert sind die meisten einsatzbereit. Sie dokumentieren 100 Jahre Geschichte dieser wichtigen landwirtschaftlichen Fahrzeuge und wurden alle zusammengetragen von einem wahren Enthusiasten: Andreas Tietz. Die Traktoren und andere landwirtschaftliche Geräte sind teilweise noch in Privatbesitz, teilweise stammen sie aus anderen aufgelösten Sammlungen von Usedom. Zum Museumstag, dem Dreschfest oder dem Schleppertreffen brummen die stählernen Kolosse noch einmal los. Glück beim Rundgang hat derjenige, der auf einen Gesprächspartner aus diesem Berufsumfeld trifft. Gerade die heutige Oma- und Opa-Generation kann den Enkeln viele Geschichten um den Traktor des eigenen Heimatdorfes berichten. An Anregung fehlt es hier nicht.

Anklam
Ikareum & Aeronauticon

Außer dem Otto-Lilienthal-Museum gibt es in Anklam noch zwei kostenlose Angebote rund ums Fliegen. Zum einen das „Ikareum" in der Nikolaikirche. In der Taufkirche Lilienthals sind neben Fotos von historischen Flugversuchen auch 14 Hängegleiter und zwei Flugapparate ausgestellt. Bis 2020 ist geplant, hier das „Lilienthal Flight Museum" zu eröffnen. Der Rundblick vom Kirchendach in 53 Meter Höhe ist schon heute (für 2 €) möglich.

Zum anderen ist da das „Aeronauticon" auf dem Anklamer Flugplatz – ein museumspädagogischer Natur- und Erlebnispark. Dort kann man nicht nur historische Flugzeuge besichtigen, es gibt auch einen Techniklehrpfad, einen Spielplatz und eine Skaterbahn. Auf Anmeldung können Besucher eine Führung (kostenpflichtig) vereinbaren, bei der sie auch einen Blick in den Tower, das Schaudepot des Museums und den Flugzeughangar werfen können.

Ikareum

Frauenstraße 14
17389 Anklam
Telefon 03971/245500

www.nikolaikircheanklam.de
www.ikareum.de

Ab Schulalter

Öffnungszeiten Mai bis Oktober
10 bis 17 Uhr

Eintritt frei (Spende willkommen)

Aufenthaltsdauer ½ h

Parken kostenfrei neben der Kirche

Für Kinderwagen geeignet

Aeronauticon

Am Flugplatz 1
17389 Anklam
Telefon 03971/259987

www.lilienthal-museum.de

Ab Schulalter

Gelände frei zugänglich

Eintritt frei

Aufenthaltsdauer ab ½ h

Parken kostenfrei

Für Kinderwagen geeignet

Otto-Lilienthal-Museum

Ellbogenstraße 1
17389 Anklam
Telefon 03971/245500
www.lilienthal-museum.de

Ab 6 Jahre

Öffnungszeiten
Juni bis September
täglich 10 bis 17 Uhr

Oktober & Mai
Di bis Fr 10 bis 17 Uhr
So 13 bis 15.30 Uhr

November bis April
Mi bis Fr 11 bis 15.30 Uhr
So 13 bis 15.30 Uhr

Eintrittspreise
Erwachsene 4,50 €
Kinder 3,50 €

Der Traum vom Fliegen wurde Wirklichkeit. 1891 gelang der erste Gleitflug, keine zwölf Jahre später startete das erste Motorflugzeug. Dieses Museum zeigt nicht nur alte Flugapparate des Flugpioniers Otto Lilienthal. Es erklärt auch, wie und warum die Luft trägt. Die Besucher können lesen, zuschauen und experimentieren – ein Erlebnis für Groß und Klein.
Die Geschichte des Fliegens ist wie eine abenteuerliche Reise, die viel mit Mut, Neugier und einer guten Portion technischen Verstandes zu tun hat. Das alles wird in diesem Museum erzählt. Man kann an Führungen teilnehmen oder allein durch die zwei Etagen streifen.

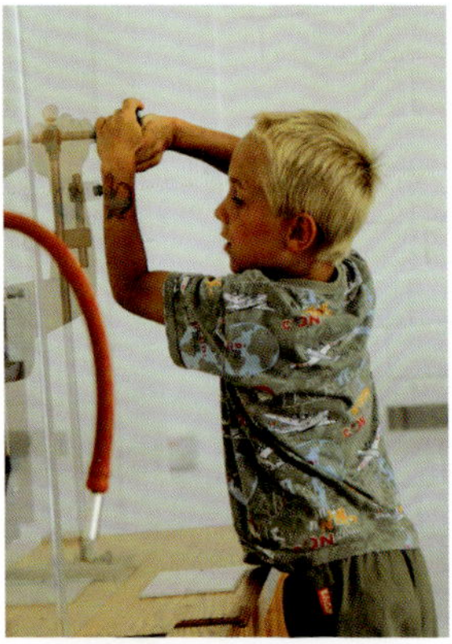

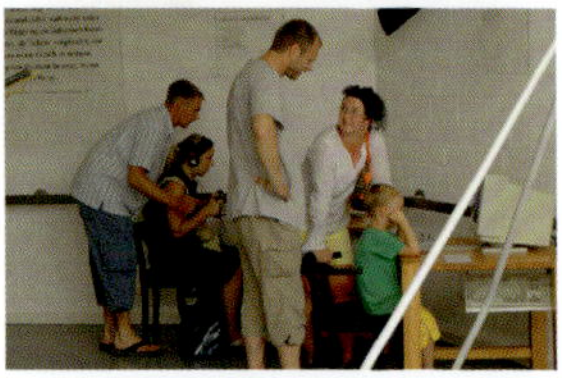

Aufenthaltsdauer ca. 2 Stunden

Parken kostenlos am Museum

Souvenirshop:
Karten, Bücher, Bilder

Toilette

Für Kinderwagen geeignet,
aber nur im Erdgeschoss

Mit viel Liebe zum Detail wurden die fledermausartigen, stoffbespannten Schwingen der ersten Gleiter aufgehängt. Aber auch kleinere Modelle bis hin zu abenteuerlichen Luftschiffen scheinen durch die hellen, lichtdurchfluteten Räume zu schweben.
Die Ausstellung schafft den Spagat, sowohl technisch Vorgebildete als auch unvoreingenommene neugierige Besucher anzusprechen. Ein – im wörtlichen Sinne – Museum zum Begreifen.

Im ehemaligen Schützenhaus wird seit den 20er-Jahren des vorigen Jahrhunderts Theater gespielt. Heute ist es das Stammhaus der sieben Spielstätten der Vorpommerschen Landesbühne (neben der „Blechbüchse“ und der Vineta-Bühne in Zinnowitz, dem Chapeau Rouge in Heringsdorf, den Schlossinsel-Festspielen in Wolgast, „Die Peene brennt“ in Anklam und der Barther Boddenbühne in Barth).

Schauspiele für Groß und Klein, Märchen, Lesungen und Gastspiele stehen auf dem Spielplan.

Leipziger Allee 34
17389 Anklam
Telefon 03971/2688800
Kartenbestellung 10 bis 17 Uhr

www.theater-anklam.de

Ab 3 Jahre

Spielzeiten ganzjährig

Eintrittspreise
je nach Platzgruppe
Erwachsene ab 13 €
Kinder (bis 15 J.) ab 6,50 €

Parken kostenlos
neben dem Theater
(nur wenige Plätze)

Theater-Café

Toilette

Wickelmöglichkeit auf Anfrage

In die Stille einer Flusslandschaft hineinzugleiten, ist ein besonderes Erlebnis. Die Kanuausleihstation in Anklam befindet sich am Nordufer der Peene. Wer von hier startet, kann unter 30 Kanus, Kajaks oder Seekajaks wählen. Paddelerfahrung ist nicht nötig.
Die Peene ist mit 100 Kilometern der längste Fluss in Mecklenburg-Vorpommern. Das träge fließende Wasser wird wegen seiner Stichkanäle und Seitenarme auch der Amazonas des Nordens genannt. Eine Tour über 8 Kilometer führt gen Norden in das Achterwasser, in südlicher Richtung erreicht man nach 6 Kilometern das Dorf Menzlin. Dort befinden sich interessante Ausgrabungen zur Wikinger-Zeit. Besonders in den kleinen Seitenarmen der Peene kann man Eisvogel, Biber und Seerosen entdecken.
Die Kanus können sowohl für Tages- als auch für Wochentouren gemietet werden. Sie werden vom Veranstalter an den gewünschten Ort längs der Peene gebracht und an gleicher oder anderer Stelle wieder abgeholt. So ein Ausflug bietet für alle etwas.
Die einen paddeln, die anderen lassen sich paddeln, je nach Alter und Kraft.

Werftstraße 6
17 389 Anklam
Telefon 03971/242839

www.abenteuer-flusslandschaft.de

Alle Altersgruppen

Wanderungen ganzjährig
Wassersport Mai bis September

Preise
Boot Tagestour Familie ab 35 €

Tourdauer 3 bis 5 Stunden

Parken kostenlos an der Station

Imbiss

Tipp:
Anmeldung empfehlenswert unter:
info@abenteuer-flusslandschaft.de

Wassersportzentren, Surf- und Segelschulen

Segelschule Rückenwind
Hafenstraße 13
17438 Wolgast
Telefon 03836/600013
www.segelschule-rueckenwind.de

Surf- & Kitesurfschule Usedom
Philipp Schöne
Zeltplatzstraße 11
Strandabschnitt 10B
17449 Karlshagen
Telefon 0179/6653396

Sail away Usedom
Jörgen Hoffmann
Asternweg 13
17454 Zinnowitz
Telefon 0171/2122676

Wassersportzentrum Lütow
Andreas Latteck
Zeltplatzstraße 20
17440 Lütow
Telefon 0160/96224830

Windsport Usedom
Hauptstraße 33
17459 Ückeritz
Telefon 038375/20641
www.windsport-usedom.de

Kuni's Wassersportcenter
An der Seebrücke
17429 Bansin
Telefon 038379/20276

Wassersportzentrum Erdmann
Rudolf-Breitscheid-Straße 7
17424 Heringsdorf
Telefon 038378/31678
oder 0179/9146634

Wassersportzentrum Kretschmer
Schulzenstraße 19
17419 Ahlbeck
Telefon 03 83 78/28367

Wer es schon immer mal ausprobieren wollte, auf Wasserski oder Wakeboard zu stehen, segeln oder surfen zu lernen oder mit einem Jetski herumzudüsen – auf Usedom ist all das möglich. Diverse Wassersportzentren und Segelschulen bieten Schnupperkurse und Wassersportaktivitäten für alle Altersgruppen. Das Angebot reicht vom Bananaboot- bis zum Tretboot-Fahren. An mehreren Standorten können Kanus oder Motorboote ausgeliehen werden und mancherorts haben die ganz Kleinen viel Spaß auf Trampolinen am Strand.

Ohne Übertreibung kann man Usedom als Paradies für Pedalritter bezeichnen – und zwar sowohl für Profis als auch für Familien mit Kleinkindern. Ein ausgebautes Radwegenetz von mehr als 300 Kilometern steht zur Verfügung.
In fast jedem Ort gibt es die Möglichkeit, Fahrräder auszuleihen.
Die Kombination von Radwegen und Streckennetz der Usedomer Bäderbahn (UBB) erlaubt Ganztagsausflüge, die – ganz nach Belieben – mehr oder weniger anstrengend sind.
Die Entscheidung für eine besonders schöne Strecke dürfte angesichts der großen Auswahl sehr schwerfallen: Soll man entlang der Steilküste unter Buchen oder durch die Kiefernwälder des Nordens fahren, durch idyllische Dörfer des Hinterlandes oder das Thurbruch im Süden.
Eine geeignete Strecke für Fahranfänger (mit geringen Höhenunterschieden) wäre zum Beispiel die von der Zinnowitzer Promenade Richtung Osten. Die Tour führt immer auf dem Deich entlang parallel zum Meer, man gelangt nach Zempin und vorbei an der schmalsten Stelle der Insel, Lüttenort, bis zum Streckelsberg bei Koserow. Wer nach den ca. 10 Kilometern müde Beine hat, nutzt für die Rückfahrt die UBB.
Viel Vergnügen bieten die stillen Wege ins Hinterland. Per Rad vergrößert sich der Naturerlebnisradius enorm und man wird Plätze entdecken, die in dieser Vielfalt weder zu Fuß noch mit dem Auto erreichbar sind.
Das Wege sind allerdings nicht überall asphaltiert und erfordern ein gutes Fahrrad. Für das leibliche Wohl sorgen die unzähligen kleinen Imbissstände und Gasthäuser.

Alle Altersgruppen

*Ausleihe ab 5 € pro Tag
bei einigen Anbietern
auch E-Bikes ab 20 € pro Tag*

Kutschfahrten erfreuen sich zunehmender Beliebtheit. Großer Planwagen, kleine Kutsche, zu jeder Tages- und Nachtzeit und in jeder Jahreszeit ist dies möglich. Im Hinterland sind Anmeldungen für diese romantischen Touren empfehlenswert.
Wer es spontan liebt, findet an exponierten Stellen in den Seebädern beim Spaziergang entlang der Promenade die Kutschenparkplätze. In den Seebädern ist eine Fahrt mit Pferd und Wagen schon deshalb ein Vergnügen, weil die Urlauber von Einheimischen auf amüsante Weise ältere und jüngere Geschichte nett verpackt in kleinen Historchen präsentiert bekommen.

17419 Ahlbeck
Brigitte Will / Kutschfahrten
Gothenweg 14
17419 Seebad Ahlbeck
0172/ 3983580 (8 bis 18 Uhr)
www.pferdehof-will.de

17449 Bannemin
Reiterhof Bannemin
Trassenheider Straße 1
Telefon 038377/41178
www.reiterhof-bannemin.de

17429 Bansin
Gerhard Zeplin / Kutschfahrten
17429 Bansin
Dorfstraße 42 a
Telefon 038378/29372

17429 Benz
Ferienpark Benz GmbH /
Kutschfahrten und Reiten
Labömitzer Straße 3
17429 Benz
Telefon 38379/2530
www.benzer-ferienhof.de

17419 Dargen
Reit- und Zucht-
und Pensionshof Manske
Schmiedestraße 4
17419 Dargen
Telefon 038376/20650

17424 Heringsdorf
Falk Ramthun / Kutschfahrten
Grüner Weg 1
17424 Heringsdorf
Telefon 038378/497182
0162/ 2168734
www.pferdehof-ramthun.de

Kutschfahrten und Reiten
Alt Sallenthin 1,
17429 Heringsdorf
Telefon 0151/61309140
www.reitenaufusedom.com

Verabredungsgemäß kann man vereinzelt auch Fahrten mit Kaffee und Kuchen bestellen.
Sehr beliebt sind die Ausflüge ins ruhigere Hinterland der Insel, Pause in einem der ländlichen Gasthöfe inklusive. Eine schönere und bequemere Möglichkeit, seine Urlaubsumgebung kennen zu lernen, ist kaum möglich.

17459 Kölpinsee
Kutschfahrten und Reiten
Strandstraße 38
17459 Kölpinsee
Telefon 0170/7270778
038375/21639
www.reithof-mueller.de

17459 Loddin
Reit- und Pensionshof
Ullrich Müller
Strandstraße 39
Telefon 038375/21639
www.reithof-mueller.de

17429 Mellenthin
Wilfried Altenau / Kutschfahrten
Chausseeberg 5,
17429 Mellenthin
Telefon 038379/22781
0152/28227973
www.usedomer-kremserfahrten.de

17449 Mölschow
Gut Kuckuck
Hauptstraße 14
Telefon 038377/36180

17460 Morgenitz
Brigitte Matthäus
Dorfstraße 1
Telefon 038372/70348

Erlebnis- und Reiterhof
Morgenitz
Islandpferde und Shetlandponys
Ute Detemple
Telefon 0177/8351912
www.ute-detemple.de

17429 Pudagla
Lachner Reiterhof
Zur Reitbahn
Telefon 038378/28910

17440 Sauzin
Madlen Hamfler-Jaddatz /
Kutschfahrten und Reiten
Koppelweg 18
17440 Sauzin, OT Ziemitz
Telefon 03836/23351
0173/6184182
www.hof-jaddatz.de

17406 Stolpe
Berit Poppe / Kutschfahrten und Reiten
Landweg 1
17406 Stolpe
Telefon 038372/71081
www.stolperhof.wordpress.com

17459 Ückeritz
Qia S. Schulz / Reiten
Mühlenstraße
17459 Ückeritz
Telefon 0170/7270778
www.qia-zaube
rpferde.com

17438 Wolgast
Karsten Kruse / Kutschfahrten
Kurze Straße 4
17438 Wolgast
Telefon 03836/600136
0171/9064344
www.kutschieren.de

www.spielstrand.de/erlebniskalender

Jeden Monat verlosen wir für euch eine attraktive Familienreise nach Mecklenburg-Vorpommern. Obendrauf gibt es in jedem Gewinnpaket 2x den Entdeckerpass MV, mit dem ihr 2 Jahre lang in über 30 Erlebniseinrichtungen kostenlosen Eintritt habt. Seid dabei, wenn es heißt:

Auf **spielstrand.de**
könnt ihr noch viel mehr entdecken.
Da warten Bastelideen und Ausmalvorlagen, lustige Spiele, Rezepte und jede Menge Rätselspaß auf euch.

Mecklenburg Vorpommern
MV tut gut

auf-nach-mv.de/familie

Was machen wir morgen, Mama?
Doberan bis Klützer Winkel, mit Wismar und Schwerin
Erlebnisführer für Kinder und Eltern
HINSTORFF

Was machen wir morgen, Mama?
Fischland-Darß-Zingst bis Rostock
Erlebnisführer für Kinder und Eltern
HINSTORFF

Was machen wir morgen, Mama?
Stralsund Rügen Hiddensee
Erlebnisführer für Kinder und Eltern
HINSTORFF

Was machen wir morgen, Mama?
Von Cuxhaven bis Bremerhaven & Butjadingen
Erlebnisführer für Kinder und Eltern
HINSTORFF

WAS MACHEN WIR ÜBERMORGEN, PAPA?

Das Buch wurde unterstützt durch den
Tourismusverband Mecklenburg-Vorpommern e.V.

Zu weiteren Büchern der Reihe siehe unter:
www.hinstorff.de
www.tipps-fuer-kids.com

Bildnachweis
Museum Wolgast
Schmetterlingsfarm
Kirsten Schielke
Birgit Vitense
Siegfried Vitense
Andreas Goldenbogen
Ralf Nehm
Hans-Werner Neuendorf
Mathias Mähler
Ronald Richter
Anja Debniak
Uwe Böhme
Claudia Pautz / Henry Böhm
Apollo Fahrgastreederei
HTM Peenemünde GmbH
Lilienthal-Museum
Vorpommersche Landesbühne

Die Deutsche Nationalbibliothek verzeichnet diese Publikation in der Deutschen Nationalbibliographie; detaillierte bibliographische Daten sind im Internet über http//dnb.ddb.de abrufbar.

Lagerstraße 7
18055 Rostock
Telefon 0381/49690
www.hinstorff.de

3., aktualisierte Auflage 2018

Herstellung
Hinstorff Verlag GmbH

Konzept und Redaktion
Kirsten Schielke, Birgit Vitense

Redaktionsschluss
30. November 2017

Gestaltungskonzept
Harald Larisch

Layout, Satz, Illustrationen
Harald Larisch

Lektorat
Thomas Gallien

Druck und Bindung
Westermann Druck Zwickau GmbH

Printed in Germany

ISBN 978-3-356-02193-6